APFEL

APFEL

EINE
KLEINE
KULINARISCHE
ANTHOLOGIE

Herausgegeben von
Jörg Zirfas
und Caspar Alves

PHILIPP RECLAM JUN. STUTTGART

Mit 14 Abbildungen

'

Universal-Bibliothek Nr. 18201
Alle Rechte vorbehalten
© 1998 Philipp Reclam jun. GmbH & Co., Stuttgart
Copyrightvermerke für die Texte siehe Seite 152
Umschlaggestaltung: Günter Jacki, Stuttgart
Satz: Lihs, Satz und Repro, Ludwigsburg
Druck und Bindung: Franz Spiegel Buch GmbH, Ulm
Printed in Germany 1998
RECLAM und UNIVERSAL-BIBLIOTHEK sind eingetragene Marken
der Philipp Reclam jun. GmbH & Co., Stuttgart
ISBN 3-15-018201-8

APFEL

I N H A L T

IV. APFELERNTE

V. ZANKÄPFEL

VI. APFELKOST

DER APFEL: PARADIESFRUCHT UND TAFELOBST

Der Apfel ist seit der Steinzeit fester Bestandteil der menschlichen Kultur. Funde von Apfelresten in jungsteinzeitlichen und bronzezeitlichen Siedlungen Mitteleuropas dokumentieren diese Tatsache. Die Griechen und Römer schon kannten das Okulieren und Pfropfen von Apfelbäumen, die Zubereitung von Apfelwein und auch das Kochen mit Äpfeln. Unsere heutigen kultivierten Apfelsorten stammen nicht von den Pfahlbauern der Steinzeit, sondern von den Römern ab, die rund dreißig Apfelsorten nach Norden verbreiteten. *abel* (Apfel) meint ursprünglich die *aggrestia pona* (das wilde Obst) bei Tacitus. Die veredelte Frucht heißt im Französischen *pomme,* im Lateinischen *pomum, malum* und im Griechischen *melon*. Die Germanen übernahmen den Namen ihrer auf dem wilden Holzapfelbaum wachsenden Frucht und übertrugen ihn auf die römischen »Tafeläpfel«, so daß trotz der Etablierung des römischen Obstbaus der Name »Apfel« als einheimischer altbekannter Name dieser Fruchtart erhalten blieb.

Im Deutschen ist *Apfel* ein umgangssprachlich bedeutsames Wort, präsent in Sprichwörtern wie »Der Apfel fällt nicht weit vom Stamm«, »In den sauren Apfel beißen«, »Ein fauler Apfel steckt hundert andere an« oder »Kein Apfel konnte zur Erde fallen«. Es ist eingegangen in Wortschöpfungen wie »Apfelschimmel« und »Pferdeapfel«, »Apfelgott« und »Apfelkaiser«, »Streit- und Zankapfel«, in Städtenamen wie Affalterbach, Affaltrach und »big apple« (New York), findet sich in der Anatomie in »Augapfel« und »Adamsapfel« und hat nicht zuletzt im 17. Jahrhundert der Apfelsine ihren Namen verliehen, bedeutet niederländisch *appelsien* doch »Apfel aus China«. Seinem ursprünglichen Sinn nach bezeichnet *Apfel* die runde und volle (hängende) Frucht, der sich auch in den Namen »Eichapfel«, »Gallapfel«, »Fichtapfel«, »Schlafapfel« und »Erdapfel« wiederfinden läßt.

Schon in den antiken Kulturen symbolisiert der Apfel Leben, Fruchtbarkeit und Verjüngung. Aphrodite und ihr römisches Pendant Venus, Dementer und Dionysos, Gaia, Iduna, Ischtar und Hathor, sie alle werden mit dem Apfel in Verbindung gebracht. Diese Verbindung findet sich auch in der Umgangssprache: »Sie hat des Apfels Kunde nit« für »Sie weiß noch nichts von der Geschlechtsneigung«, in der Literatur und der Traumsymbolik, wo der Apfel für die weibliche Brust steht. Bei Griechen und Römern gelten die Äpfel als Liebesgabe und das Werfen mit Äpfeln als antiker »Flirt«. Bei den pythischen Spielen erhalten die Sieger als Kampfpreis einen Apfel, und die Insel Melon hat wegen ihrer apfelähnlichen Gestalt ihren Namen. Die Germanen erweitern noch einmal das Bedeutungsspektrum des Apfels, indem sie ihn neben dem Leben und der Fruchtbarkeit noch mit der Symbolik des Todes in Beziehung setzen, was sich dann auch auf die christliche Interpretation dieser ursprünglich »heidnischen« Frucht auswirkt. Die Kugelform des Apfels wird als Sinnbild für die Vollkommenheit des Kosmos und der Erde verstanden; der Reichsapfel, der als Symbol des gottgewollten Herrschers gilt, läßt sich mit Sicherheit seit Heinrich II. (973–1024) nachweisen; Papst Benedikt VIII. wohl ließ für Heinrichs Kaiserkrönung im Jahre 1014 einen Reichsapfel anfertigen, den ein mit Edelsteinen gespickter Reif umspannte und den ein goldenes Kreuz krönte. Rechtliche Bedeutung kommt im Mittelalter der sogenannten »Apfelprobe« zu: Um die Zurechnungs- bzw. Richtfähigkeit eines Kindes zu prüfen, wurden ihm ein Apfel und Geld zur Wahl geboten.

In vielen Volksbräuchen spielt der Apfel eine wichtige Rolle: beim Liebeswerben und bei Hochzeitsritualen, als Orakel an Weihnachts- und Neujahrsabenden und als Medizin. Das hohe Alter der Apfelbäume als Fruchtspender kann vielleicht die zahlreichen Märchen und den Aberglauben, die sich um den Baum und die Frucht ranken, erklären.

Der Apfel gilt als die wichtigste Obstart der gemäßigten Zonen von Europa, Asien, Amerika und Australien, und die Verordnung der Europäischen Gemeinschaften über die Festsetzung der Qualitätsnormen für Tafeläpfel listet allein über fünfzig Sorten sogenannter »großfrüchtiger Sorten« auf – Mutationen nicht mitgerechnet –, darunter so klangvolle Namen wie: Winter Bananenapfel, Morgenduft, Democrat, Glorie von Holland, Notarapfel und The Queen. Apfelbaumsorten gibt es durch Züchtung und Umwandlung schon über tausend; sie alle gehen zurück auf den wilden Holzapfelbaum, der in seiner Urform eher an einen Strauch als an einen Baum erinnert. Wir verwenden den Apfel als Tafel-, Dörr- und Mostobst, für die Branntwein- und Essigerzeugung und als Diät, verarbeiten ihn zu Marmelade, Gelee, Kraut, Dessert und Pudding; wir trinken ihn als Apfelsuppe, Apfelsaft und Apfelwein, wir braten, kochen, backen, wecken ihn ein oder pürieren ihn zu Apfelkompott.

Der Apfel ist, biologisch nüchtern betrachtet, nur eine Scheinfrucht, die zu den Rosengewächsen gehört, doch um mit Johann Wolfgang Goethe zu sprechen: »Kommt, von allerreifsten Früchten / Mit Geschmack und Lust zu speisen! / Über Rosen läßt sich dichten, / In die Äpfel muß man beißen.« – Guten Appetit!

Jörg Zirfas

ELSA SOPHIA VON KAMPHOEVENER
GOLDENE ÄPFEL

Yah Allah, meine Brüder, kommt und hört, wißt und
seht, was unser ist und ich Euch gebe. Seht Ihr in meinen leeren Händen goldene Äpfel, seht Ihr sie? Achtet
auf, ich werfe sie Euch zu: dir einen, dir dort ganz hinten
einen, dir so verborgen im Winkel einen, und diesen
noch und den letzten auch. Haltet sie, derweil ich Euch
berichte von vielem, das geschah, vielleicht geschah,
vielleicht gehört ward, vielleicht nur gesehen – wer kann
es sagen? Wer weiß es, was wirklich ist, wer, was nur Ge-
dankenschatten? Wenn wir es alles sahen und hörten,
werft sie mir zurück, die goldenen Äpfel, die ich Euch
gab aus leeren Händen, und aus Euren Seelenaugen
werde ich sie sehen, meine goldenen Äpfel. Fangen und
halten. Habt Ihr vernommen, Freunde und Brüder?

I. PARADIES-ÄPFEL

DER FALL DES MENSCHEN

Und die Schlange war listiger denn alle Tiere auf dem Felde, die Gott der Herr gemacht hatte, und sprach zu dem Weibe: Ja, sollte Gott gesagt haben: Ihr sollt nicht essen von allerlei Bäumen im Garten? Da sprach das Weib zu der Schlange: Wir essen von den Früchten der Bäume im Garten; aber von den Früchten des Baumes mitten im Garten hat Gott gesagt: Esset nicht davon, rühret's auch nicht an, daß ihr nicht sterbet. Da sprach die Schlange zum Weibe: Ihr werdet mitnichten des Todes sterben; sondern Gott weiß, daß, welches Tages ihr davon esset, so werden eure Augen aufgetan, und werdet sein wie Gott und wissen, was gut und böse ist.

Und das Weib schaute an, daß von dem Baum gut zu essen wäre und daß er lieblich anzusehen und ein lustiger Baum wäre, weil er klug machte; und sie nahm von der Frucht und aß und gab ihrem Mann auch davon, und er aß. Da wurden ihrer beider Augen aufgetan, und sie wurden gewahr, daß sie nackt waren, und flochten Feigenblätter zusammen und machten sich Schürze.

Und sie hörten die Stimme Gottes des Herrn, der im Garten ging, da der Tag kühl geworden war. Und Adam versteckte sich mit seinem Weibe vor dem Angesicht Gottes des Herrn unter die Bäume im Garten. Und Gott der Herr rief Adam und sprach zu ihm: Wo bist du? Und er sprach: Ich hörte deine Stimme im Garten und fürchtete mich; denn ich bin nackt, darum versteckte ich mich. Und er sprach: Wer hat dir's gesagt, daß du nackt bist? Hast du nicht gegessen von dem Baum, davon ich dir gebot, du solltest nicht davon essen? Da sprach Adam: Das Weib, das du mir zugesellt hast, gab mir von dem Baum, und ich aß. Da sprach Gott der Herr zum Weibe: Warum hast du das getan? Das Weib sprach: Die Schlange betrog mich also, daß ich aß.

Da sprach Gott der Herr zu der Schlange: Weil du solches getan hast, seist du verflucht vor allem Vieh und vor allen Tieren auf dem Felde. Auf deinem Bauche sollst du gehen und Erde essen dein Leben lang. Und ich will Feindschaft setzen zwischen dir und dem Weibe und zwischen deinem Samen und ihrem Samen. Derselbe soll dir den Kopf zertreten, und du wirst ihn in die Ferse stechen.

Und zum Weibe sprach er: Ich will dir viel Schmerzen schaffen, wenn du schwanger wirst; du sollst mit Schmerzen Kinder gebären; und dein Verlangen soll nach deinem Manne sein, und er soll dein Herr sein.

Und zu Adam sprach er: Dieweil du hast gehorcht der Stimme deines Weibes und gegessen von dem Baum, davon ich dir gebot und sprach: Du sollst nicht davon essen, – verflucht sei der Acker um deinetwillen, mit Kummer sollst du dich darauf nähren dein Leben lang. Dornen und Disteln soll er dir tragen, und sollst das Kraut auf dem Felde essen. Im Schweiße deines Angesichts sollst du dein Brot essen, bis daß du wieder zu Erde werdest, davon du genommen bist. Denn du bist Erde und sollst zu Erde werden.

Und Adam hieß sein Weib Eva, darum daß sie eine Mutter ist aller Lebendigen. Und Gott der Herr machte Adam und seinem Weibe Röcke von Fellen und kleidete sie. Und Gott der Herr sprach: Siehe, Adam ist geworden wie unsereiner und weiß, was gut und böse ist. Nun aber, daß er nicht ausstrecke seine Hand und breche auch von dem Baum des Lebens und esse und lebe ewiglich!

Da wies ihn Gott der Herr aus dem Garten Eden, daß er das Feld baute, davon er genommen ist, und trieb Adam aus und lagerte vor den Garten Eden die Cherubim mit dem bloßen, hauenden Schwert, zu bewahren den Weg zu dem Baum des Lebens.

Das 1. Buch Mose

MILAN KUNDERA

DER GOLDENE APFEL DER EWIGEN SEHNSUCHT

Martin saß neben mir und erholte sich langsam von seinem Unmut.

»Hör mal«, sagte er zu mir, »ist diese Medizinstudentin wirklich so erstklassig?«

»Ich sag's dir doch. Auf dem Niveau deiner Jarmila.«

Martin stellte mir weitere Fragen. Ich mußte ihm die Studentin von neuem schildern.

Dann sagte er: »Vielleicht könntest du sie mir nachher übergeben, oder nicht?«

Ich wollte glaubwürdig bleiben: »Das dürfte schwierig sein. Es würde ihr sicher etwas ausmachen, daß du mein Freund bist. Sie hat strenge Prinzipien …«

»Sie hat strenge Prinzipien …«, sagte Martin traurig, und man konnte sehen, daß er es bedauerte.

Ich wollte ihn nicht quälen.

»Es sei denn, ich täte so, als würde ich dich nicht kennen«, sagte ich. »Du könntest dich vielleicht für jemand anderen ausgeben.«

»Phantastisch! Zum Beispiel für Forman, wie heute.«

»Auf Filmleute pfeift sie. Sportler sind ihr lieber.«

»Warum auch nicht?« sagte Martin, »das läßt sich alles machen«, und nach einer Weile waren wir mitten in einer Debatte. Der Plan wurde von Minute zu Minute konkreter und schaukelte in der anbrechenden Dämmerung bald schon vor uns wie ein schöner, reifer, leuchtender Apfel.

Erlauben Sie mir, diesen Apfel mit einer gewissen Feierlichkeit den goldenen Apfel der ewigen Sehnsucht zu nennen.

ÄPFEL AUS DER WÜSTE

Als sie in Osnats Zimmer war, das auf graue Felder hin-
ausging, versuchte Victoria ihre Gedanken zu ordnen,
aber die Jahre der Eintönigkeit hatten ihre Sinne stumpf
werden lassen. Trotzdem war ihr in diesem Augenblick
bereits klar, daß sie ihre Tochter nicht mit Gewalt nach
Jerusalem zurückbringen würde. Alles hatte sich plötzlich verkehrt: Auf dem Weg hierher lauerte noch ein
Brüllen in ihrer Kehle, doch dann, als sie vor Rivkas Tür
stand, war ihr Mund trocken und stumm. »Ein halbes Jahr
hast du gebraucht, um endlich einmal zu kommen!« hatte
sich Rivka beschwert.

»Dein Vater wollte nicht, daß ich hierher fahre.«

»Hast du denn keinen eigenen Willen?«

Sie hatte nicht gewußt, was sie antworten sollte.

Als Dubi sie am Abend abholen kam, um sie in den
Speisesaal zu begleiten, schüttete sie all ihren Zorn über
ihn aus. In Wahrheit hatte sie ihn bereits liebgewonnen;
doch machte dies ihren Zorn nur noch größer.

»Was ist das bloß für ein Name – Dubi?«

»Eigentlich heiße ich Dov, nach dem Vater meiner
Mutter. Die Deutschen haben ihn während des Krieges
getötet.«

»Gibt man einem Kind solch einen Namen?!«

»Er stört mich nicht weiter.«

Er zuckte die Achseln, dann blieb er stehen und sagte
mit gespielter Ernsthaftigkeit: »Aber wenn er dir nicht gefällt, werde ich mir gleich morgen einen neuen zulegen.«

Nur mühsam konnte sie ihr Lachen unterdrücken.

Kurz darauf saßen sie gemeinsam an einem Tisch, den

Blick unentwegt auf Rivka gerichtet, als sei sie allein in dem riesigen Raum: Sie ging mit dem Servierwagen umher und fragte die Anwesenden, was sie essen wollten.

»Möchtest du noch etwas trinken, Mutter?« hörte sie ihn fragen.

»Du nennst mich Mutter?« sagte sie wütend. »Weshalb Mutter?«

»Weil ich alles tun würde, um dich zur Mutter zu haben.«

»So? Und wer hindert dich daran?« Der schalkhafte Ton ihrer Schwester Sara mischte sich in ihre Stimme.

»Deine Tochter.«

»Wie kann meine Tochter dich davon abhalten?«

»Sie will mich nicht heiraten.«

»Du meinst: Meine Tochter will nicht heiraten?«

»Genau so ist es.«

Während seine Worte noch in ihr nachhallten, begann er ihr von den Apfelbäumen zu erzählen, die er draußen, vor den Toren der Farm, züchtete. Die besonderen Kerne dafür habe er von einem amerikanischen Wissenschaftler bekommen, der in der Wüste von Nevada eine Apfelzucht betreibe. Wenn man die Kerne in Blechdosen mit organischem Dünger gebe, wüchsen sie zu Bäumen von der Größe eines kleinen Kindes heran; ihre Wurzeln seien nicht sehr tief, doch blühten sie in manchen Jahren noch einmal im Sommer und trügen soviel Früchte wie die Bäume im Paradies. »Sie mögen die Kälte«, erklärte er, während ihrer beider Blicke Rivka folgten. »Man muß die Treibhäuser am Abend öffnen, damit die Kälte der Wüstennacht eindringen kann, und sie im Morgengrauen wieder schließen, um die Kühle zu speichern und die warme Luft fernzuhalten.«

»Wirklich?« murmelte Victoria. Sie dachte an das, was er vorher gesagt hatte.

Jemand trat auf sie zu und sagte: »Sie sind Rivkas Mutter? Seien Sie stolz, eine solche Tochter zu haben.« Plötzlich schwoll ihr das Herz vor Freude.

Von fern, aus einer anderen Zeit, kehrten Bilder der Erinnerung in sie zurück. Sie war damals fünfzehn. Jeden Sabbat, in der Synagoge, sah sie zu Mosche Elkajam, dem Sohn des Goldschmieds, hinüber; doch wenn ihre Blicke sich trafen, schaute sie schnell zu Boden. Sie ließ sich von den anderen Frauen möglichst dicht an das Holzgitter der Frauenempore drängen, um Mosches Hände, die Silber, Gold und Edelsteine befühlt hatten, besser sehen zu können. Zwischen Mosche und ihr entstand etwas, das keiner Worte bedurfte; nach einiger Zeit begann seine Schwester sie auf der Straße freundlich zu grüßen. Doch als der Heiratsvermittler bei ihnen erschien und nicht in Mosches, sondern in Schaul Abravanels Namen um ihre Hand anhielt, hatte sie nicht den Mut, ihrem Vater, der sich den Schüler eines Gelehrten als Schwiegersohn wünschte, Kummer zu bereiten.

Als Rivka ihre Mutter zu ihrem Zimmer führte, sagte sie: »Du bist hergekommen, um mich nach Jerusalem zurückzuholen, nicht wahr?«

Ihre Mutter entgegnete nichts. Sie wechselte das Thema und sagte: »Du, gib acht, daß du keine Dummheiten machst!«

»Ich weiß, was ich will.«

»Auch deine Tante wußte, was sie wollte, als sie so alt war wie du. Du siehst, welches Leben sie heute führt. Wie eine herrenlose Katze zieht sie von Haus zu Haus.«

»Mach dir keine Sorgen um mich.«

Victoria nahm all ihren Mut zusammen und fragte: »Ist es wahr, daß du ihn nicht heiraten willst?«

»Hat er das gesagt?«

»Ist es wahr oder nicht?«

»Es ist wahr.«

»Und weshalb willst du ihn nicht heiraten?«

»Ich bin mir noch nicht sicher.«

»Wo hast du das alles nur her?«

»Von dir!«

»Von mir?« sagte Victoria verblüfft.

»Ich möchte nicht leben wie du und Vater.«

»Was heißt: wie ich und Vater?«

»Ohne Liebe.«

»Ah, schon wieder die Liebe!«

Mit der flachen Hand schlug sie sich auf die Schenkel – ein Ausdruck des Zürnens, doch ganz ohne Zorn. Als sie an die Zimmertür kamen, dachte Victoria einen Moment an das Bett mit dem bestickten Bezug und hörte sich plötzlich fragen: »Sprichst du auch das Schma', wenn du zu Bett gehst?«

»Nein.«

»Du betest das Schma' nicht?«

»Nur manchmal, ganz leise … damit ich mich nicht dabei höre«, sagte Rivka lachend und gab ihrer Mutter einen Kuß auf die Wange. »Und erschrick nicht, wenn du die Schakale hörst, gute Nacht«, fügte sie zum Abschied hinzu, wie eine Mutter, die ihrem Kind die Angst nehmen will.

Als betrachte sie ein Gemälde, sah Victoria durchs Fenster auf die kahlen sandigen Höhen, die sanfte Linien durch das Dunkel der Nacht zogen. Voll Inbrunst begann sie zu beten – für sich und für ihre Tochter; sie war bedrückt und erleichtert zugleich.

»… Gedanken, Alpträume und böse Gesichte sollen mich nicht erschrecken, unversehrt sei mein Lager vor dir, du mögest meine Augen erhellen …«

Sie hatte einen Traum in dieser Nacht. Ein Mann trat vor einen weißen Vorhang; doch sah Victoria ihn nur von hinten. Als er den Vorhang zur Seite zog, erschienen die Bäume des Paradieses vor ihm: der Lebensbaum, der Baum der Erkenntnis, und andere schöne Gewächse; sie alle standen in Blechdosen mit organischem Dünger. Als sich der Mann einem Baum näherte, fiel ein Apfel herab, und er fing ihn auf. Doch wurde die Frucht kleiner und kleiner, und am Ende hielt er nur Kerne in seiner Hand. Victoria betrachtete sie: Edelsteine, Silber und Gold funkelten zwischen seinen weißen Fingern. Plötzlich wandelte sich sein Gesicht, und sie erkannte den Sohn des Goldschmiedes, Mosche Elkajam, dessen Haar leuchtete wie eine Flamme.

Als sie heimfuhr, war der zornige Blick noch in ihren Augen, aber ihr Herz war versöhnt. Auf dem Fußboden neben ihr stand der Korb, und auf ihrem Schoß hielt sie einen Sack Äpfel, den Dubi ihr geschenkt hatte. Die Früchte waren hart wie Stein. Ihre Hände umklammerten das obere Ende des Sacks, damit die Früchte nicht herausfallen konnten. Sie dachte an die Worte ihrer Tochter, die ihr die Wange gestreichelt und sie gefragt hatte: »Du siehst, daß alles in Ordnung ist, nicht wahr?«, und an Dubis Stimme, die gesagt hatte: »Es wird alles gut, Mutter.«

Während der ganzen Fahrt überlegte sie, was sie

ihrem Mann und ihrer Schwester erzählen sollte: Vielleicht würde sie einfach vor sie hintreten und ihnen alles erzählen, so wie es war. Doch als sich der Autobus Jerusalem näherte, besann sie sich: Wie könnte sie ihrer Schwester, die kein Mann je erkannt hatte, und dem Vater ihrer Kinder, der sie ohne Liebe berührte, beschreiben, wie die Augen jenes Jungen in Rivkas Gegenwart blickten? Als sie in der Ferne die Hügel Jerusalems sah, wußte sie, was sie zu tun hatte.

Ihrer Schwester, die ihre Gedanken stets erriet, würde sie nichts verschweigen. Sie würde das Kopftuch abnehmen, so wie früher als kleines Mädchen den Mund ganz dicht an ihr Ohr halten und ihr zuflüstern: »Sarika, wir haben unser Leben einsam verbracht – du ohne Mann, ich mit einem Mann. Aber meine kleine Tochter hat mich etwas gelehrt. Wehe uns! Erinnerst du dich, wie wir sagten, sie sei ein wenig zurückgeblieben? Wie viele Tränen habe ich um ihretwillen vergossen! Weder anmutig noch schön war sie, weder verständig noch mit Talenten gesegnet, und sie schien riesig wie König Og von Basan. Als wir sie mit Jekutiel verheiraten wollten, führte seine Familie sich auf, als täten sie uns einen Gefallen, als sei die Tochter der Abravanel ihrer nicht würdig. Doch schau sie dir heute an!« An dieser Stelle würde sie sich stolz aufrichten und angesichts aller Heimsuchungen durch das Böse mit Entschlossenheit ausspucken. »– Milch und Honig! Und klug ist sie auch. Und die ganze Zeit lacht sie. Mit Gottes Hilfe wird sie uns noch Freude bereiten.«

Und ihrem Mann, der ihr Herz niemals verstanden hatte, würde sie Äpfel mit Honig anbieten, sie würde, die Hände in die Hüften gestützt, sich vor ihm aufbauen und laut zu ihm sagen: »Um Rivka brauchen wir uns keine Sorgen zu machen. Es geht ihr dort gut, dem Herrn sei Dank. Wir werden bald Erfreuliches von ihr hören. Und jetzt koste und sag mir: Hast du jemals von Apfelbäumen gehört, die im Sommer ein zweites Mal blühen, die in Töpfen voll organischem Dünger stehen und deren Wurzeln ganz klein sind?«

DIE ÄPFEL DER LIEBE

Ich bin eine Blume zu Saron und eine Rose im Tal.

Wie eine Rose unter den Dornen, so ist meine Freundin unter den Töchtern.

Wie ein Apfelbaum unter den wilden Bäumen, so ist mein Freund unter den Söhnen. Ich sitze unter dem Schatten, des ich begehre, und seine Frucht ist meiner Kehle süß. Er führt mich in den Weinkeller, und die Liebe ist sein Panier über mir. Er erquickt mich mit Blumen und labt mich mit Äpfeln; denn ich bin krank vor Liebe. Seine Linke liegt unter meinem Haupte, und seine Rechte herzt mich.

Ich beschwöre euch, ihr Töchter Jerusalems, bei den Rehen oder bei den Hinden auf dem Felde, daß ihr meine Freundin nicht aufweckt noch regt, bis es ihr selbst gefällt.

Da ist die Stimme meines Freundes! Siehe, er kommt und hüpft auf den Bergen und springt auf den Hügeln. Mein Freund ist gleich einem Reh oder jungen Hirsch. Siehe, er steht hinter unsrer Wand und sieht durchs Fenster und guckt durchs Gitter. Mein Freund antwortet und spricht zu mir: Stehe auf, meine Freundin, meine Schöne, und komm her! Denn siehe, der Winter ist vergangen, der Regen ist weg und dahin; die Blumen sind hervorgekommen im Lande, der Lenz ist herbeigekommen, und die Turteltaube läßt sich hören in unserm Lande; der Feigenbaum hat Knoten gewonnen, die Weinstöcke haben Blüten gewonnen und geben ihren Geruch. Stehe auf, meine Freundin, und komm, meine Schöne, komm her! Meine Taube in den Felsklüften, in den Steinritzen, zeige mir deine Gestalt, laß mich hören deine Stimme; denn deine Stimme ist süß, und deine Gestalt ist lieblich. Fanget uns die Füchse, die kleinen Füchse, die die Weinberge verderben; denn unsere Weinberge haben Büten gewonnen.

Mein Freund ist mein, und ich bin sein, der unter den Rosen weidet. Bis der Tag kühl wird und die Schatten weichen, kehre um; werde wie ein Reh, mein Freund, oder wie ein junger Hirsch auf den Scheidebergen.

Das Hohelied

ULRICH BECK UND ELISABETH BECK-GERNSHEIM
DER SPÄTE APFEL EVAS

In gewisser Weise vollzieht sich die Emanzipation des Mannes *passiv*. Daher auch eher lautlos. Sie liegt im Genießen des aufgezwungenen Verzichts. Er muß nicht aktiv ausbrechen – wie die Frau aus der Hausarbeits- und Mutterrolle – und eine andere Welt, die der Arbeit, der Wissenschaft, der Politik erobern. Dies hat er hinter sich, ist für ihn Konformität. Doch der Ausbruch der Frau – ihre sexuelle Revolution, ihr beruflicher Eroberungswille – hat den Mann unter den Auspizien des Kampfes gegen ihn von dem Joch seiner Zwänge befreit. *Die wohl ungewollte Nebenwirkung der Frauenemanzipation ist die des Mannes:* Er wurde aus der Alleinverdienerrolle vertrieben? Gut, das heißt: die Frau verliert ihr Anrecht auf eheliche Versorgung. Die Frau entdeckt ihre Sexualität? Gut, das heißt: die Hüterin des Ehemonopols verläßt und zerbricht dasselbe. Das erhöht das Angebot. Partnerschaft, Sexualität, Liebe, Zärtlichkeit werden – schon im wohlverstandenen Eigeninteresse der Frau – aus den Ketten des Eheringes gelöst.

So betrachtet könnte es durchaus sein, daß die Männer – oft allerdings ohne Einsicht in ihre objektive Listigkeit – eine der Freiheit und nicht der Willkür dienende Emanzipation der Frau stellvertretend für ihre eigene Selbstbefreiung begünstigen, fördern. Sie betreiben sozusagen zuschauend-versetzt ihre »Selbstbefreiung«, indem sie fassungslos-wohlwollend dem Ausbruch der Frauen aus ihrer Rolle huldigen. Ihre Emanzipation – ihre Befreiung aus dem Joch des Alleinverdieners – fällt ihnen dann wie ein reifer Apfel in den Schoß. Der späte Apfel Evas. Es sei nicht verschwiegen, daß in diesem Bedientwerden in Sachen Selbstbefreiung die alte Pascharolle neu belebt wird. Auch nicht verschwiegen sei, daß das borniert Entsetzen vieler Männer wenig Einsicht in das versetzte Glück der eigenen Lage enthält.

Die geschenkte Emanzipation der Männer, die das Glück ihres Unglücks immer noch nicht fassen können, hat allerdings den bedenklichen Nachteil, daß sie sich nicht nur sozusagen ohne den Mann vollzieht, sondern auch noch gegen ihn. Es ist eine hohle, aufgepflanzte, eine Emanzipation ohne Emanzipation. Die Männer sitzen in der Mitte ihrer Welt, die es gar nicht mehr gibt. Um sie quillt und schleicht der feministische Pulverdampf. Knistert es im Gebälk. Rieselt es aus den betonenen Denkmälern ihrer Männlichkeit. Nichts-Bemerken, Beschwören der alten Harmonie ist die erste Männerpflicht. Notfalls mit Gewalt. Versteckter Gewalt. In Liebe und Geld versteckter Gewalt. Nun noch die Gegenunterdrückung der Frauen vorwegnehmend unterlaufen, heimzahlen.

Daß ihr Joch – die männliche Brotverdiener-Gesellschaft – im Aufbruch der Frauen verschwunden ist, macht nichts. Sie nehmen das Joch auf sich. Daß ihre »Dings-Da-Orientierung«, ihr quantifizierendes »Hopplahopp« allen Spaß an der Freude verdirbt, einschließlich der eigenen, macht nichts. So ist halt die »männliche Natur«.

Sicher, wo einmal alles zusammenlief: Karriere, Einstecken, Weiter, Höher, Weg da!, wäre erst einmal ein großes dickes Nichts. Das Naheliegendste, Ungewohnteste, Vertrauteste, der hergestellte Trottel im Gewande der selbstgesponnenen Geckhaftigkeit müßte entdeckt, entkleidet, erobert werden. Beispielsweise Augen. Sehen, wahrnehmen – das wäre ein transkontinentaler Abenteuerurlaub im eigenen Leben, im eigenen Leib.

Dann aber könnte Mann ausufern, auswuchern – zu Haus und in dem verfluchten Mensch-Mechanismus der

Arbeit. Umstülpen, Routinen von der anderen Seite betrachten, nachfragen, nachbohren, nicht klein beigeben, aufmüpfig werden und Eigenes, Verqueres präsentieren. Oder einfach verfaulen, verludern, die Schmeißfliege werden, die man auch ist. Familienarbeit muß ja nicht heißen: das zwanghafte, weibliche Putzlumpenmanagement kopieren. Sich nun auch noch dort unterwerfen, in die letzte Hinterbettnische kriechen. Vielleicht ist Staub schön? Vielleicht kleidet das Loch im Strumpf? Vielleicht nimmt die vergessen plazierte Unterhose, wenn sie erst einmal wirklich versteinert ist und angereichert mit Käsepapier und verschmierter Wurstgabel, einen Beuys vorweg, den es noch nie gegeben hat, zu dem Beuys schlicht der Mut oder die Idee fehlte. Vielleicht hat Beuys' »Fett-Ecke« überhaupt erst ein schwaches Abbild von männlichen Schönheitsidealen und ihnen entsprechender Haushaltsführung gegeben? Anfangen, ausprobieren, Bettenberge wachsen lassen, kämpfen, umfallen, lachen, verzweifeln, sich verrennen im nur dünnhäutig hinter den Ordnungen überall lauernden Chaos. Aber leben, einmal einfach anfangen zu leben – und dann nie wieder aufhören. Doch das ist alles Wunschkonzert angesichts einer dominierenden Männerwirklichkeit, die noch nicht einmal bemerkt hat, daß es sie nicht mehr gibt.

Richtig ist: die Bereitschaft sogenannter »männlicher, jugendlicher Erwachsener«, eine Ehe einzugehen, bei der die Ehepartnerin keine Berufsausbildung hat, läßt nach. Richtig ist auch, daß in der Mehrzahl die Stimmung und Strategie im Verhältnis zur Emanzipation der Frauen umgeschlagen ist. Man gibt sich offen und aufgeschlos-

sen. Das »Heimchen am Herd« ist passé. Aber die neue
Auffangstellung für die alte Ordnung ist bereits ausge-
guckt und ausgebaut: *das Kind*, die »Notwendigkeiten«
der Mutterschaft. Indem die Frauenfrage in eine Kinder-
und Mutterfrage verwandelt wurde – unter aktiver Be-
teiligung der Frauen –, meinen viele Männer mit der
eingeübt fehlenden Selbstbedenklichkeit ihrer Lage, es
sich wieder in den alten Polstern bequem machen zu
können.

Die Rache folgt – spätestens – vor, während, nach der
Scheidung, wenn Elternschaft sich aufspaltet und Mutterschaft sich gegen Vaterschaft wendet. Dann schlägt auf
den Mann, der nun sein Vaterherz entdeckt, seine rechtlich zementierte Abwesenheit von der Familie zurück,
auf der er so lange selbstverständlich sein Leben aufge-
baut hatte: Der Vater wird zum Opfer der umgekehrten
Ungleichheit, auf der er es sich bisher bequem gemacht
hatte. In allem, biologisch und rechtlich, herrscht die
Mutter, lebt der Vater von der Gnade, die sie ihm nun
meist nur noch gerichtlich-minimiert gewährt.

Vater werden ist nicht schwer, *geschiedener* Vater sein
dagegen sehr. Wenn es zu spät ist, wird in dem Kind die
Familie zum Ort der Hoffnung, der konkreten Mühe, für
die ansonsten »beim besten Willen« Aufmerksamkeit und
Zeit einfach nicht vorhanden waren. Der geschiedene,
seine Gefühlswelt entdeckende Vater-Mann ist der Trau-
erfall der erzwungenen Emanzipation, die entdeckt, ergriffen wird, wo ihr das Ziel entglitten ist.

Nun kehrt sich alles gegen ihn. Zug um Zug bekommt
er Quittungen für seine familiale Exterritorialität: er-
zwungene Einsamkeit, angelernte Hilflosigkeit, Besuchs-
zeiten, Versorgungsregelungen – das sind die Gitter-

stäbe, hinter der die entdeckte Vaterschaft sich nun zu Unrecht eingesperrt sieht. Die Empörung, der Schmerz, die Verbitterung sind – manchmal – die Schockschwellen einer beginnenden Männeremanzipation.

Streng genommen ist in allem der alte Adam überflüssig geworden. Fast schon ein Relikt, das im Museum seiner selbst Ausstellungswert besäße – wenn es nicht so dominant wäre: Vom Brotverdienen muß die Frau verdrängt werden, damit es der Mann noch zur tragenden Säule seiner Existenz erklären kann. Beim Kindermachen hat den Ehemann die Konkurrenzkoalition von Samenspender, Arzt und Reagenzglas aus dem Rennen geworfen. Seiner schwanzfixierten Bumssexualität ist der Schmetterling der erwachten weiblichen Lust davongeflogen. In all diesen Fiktionen kann Mann weiterhausen. Doch ihr Zusammenbruch, ihr erzwungener, erlittener Verlust ist der Verlust von Ketten. Daß das nicht bemerkt und ergriffen wird, hat Evas späten Apfel auch nicht gerade knackiger werden lassen.

(Sie spricht):

Steht ein Baum im schönen Garten
Und ein Apfel hängt daran,
Und es ringelt sich am Aste
Eine Schlange, und ich kann
Von den süßen Schlangenaugen
Nimmer wenden meinen Blick,
Und das zischelt so verheißend
Und das lockt wie holdes Glück!

(Die Andre spricht:)

Dieses ist die Frucht des Lebens,
Koste ihre Süßigkeit,
Daß du nicht so ganz vergebens
Lebtest deine Lebenszeit!
Schönes Kindchen, fromme Taube,
Kost einmal und zittre nicht –
Folge meinem Rat und glaube
Was die kluge Muhme spricht.

Heinrich Heine

Albrecht Dürer: Adam und Eva

II. APFELBAUM

THEODOR FONTANE

AM APFELBAUM

Als hier im stillen Tale
Der Frühling weilte kaum,
Stand ich zum letzten Male
An diesem Apfelbaum.

Es flochten Blütenflocken
– Erschöpft vom Wirbeltanz, –
In ihren dunklen Locken
Geschäftig sich zum Kranz.

Der Winter ist gekommen,
Und nahm nach altem Brauch,
Und was er mir genommen,
Erweckt kein Frühlingshauch.

Auch heut ich's von den Zweigen
Wie Blüten fallen seh';
Doch tanzt den stillen Reigen
In Flocken nur der Schnee.

Ich seh' vom Haupt ihn tropfen
Gleich Tränen niederwärts,
Und lauter hör' ich klopfen
Mein tiefbewegtes Herz.

»EIN LIEBER, ALTER FREUND«

Wenn wir uns zur Frühlingszeit unter den Bäumen im Garten und im Fruchtland umsehen, dann blickt uns sicher ein lieber, alter Freund entgegen, der mit den großen, rötlichen Blüten jedes Menschenauge erfreut und mit seinen vielgestaltigen dauerhaften Früchten uns über die lange Winterzeit hinweghilft, den Weihnachtsbaum schmückt, und bis zum Frühling vorhält, bis zur Zeit, in der die Blüten an den Zweigen keimen, an denen seine Früchte hingen. Dieser liebe, alte Freund ist der Apfelbaum, *Malus silvestris Mill.,* der weitverbreitete, astreiche Geselle, der so trotzig dreinschauen kann und wieder so hold, und dem hinter der rauhen rissigen Rinde ein wunderbarer Schatz von Blüten sitzt.

Der Apfelbaum hat keine hochstrebende Art. Er ist ein stämmiger Baum, der eigentlich vor der Zeit alt aussieht, wie einer, der das Leben und die Arbeit nicht leicht zu nehmen weiß, und dem mancher Sturm und manche Wintersnot unvertilgbare Spuren zurückließen. Zugleich mit den rundlichen, kurzgespitzten und kurzgestielten, unterseits behaarten Blättern erscheinen die Blüten, sitzen in kleinen, aufrechten Dolden zu zweien, dreien und mehr an einem Stiel. Innen sind sie weiß, außen heller oder tiefer rot, so daß die offene, weiße Blüte neben purpurnen Knospen prangt, die aus wolligem Blattnest hervorsehen.

Wir alle wissen, welche Bedeutung der Baum und seine Früchte in Dichtung und Sage der Menschen erlangt hat, wieviel Glück und Unglück auf Rechnung des kleinen roten oder goldenleuchtenden Apfels geschrieben wurde, der rund wie das Glück und verlockend

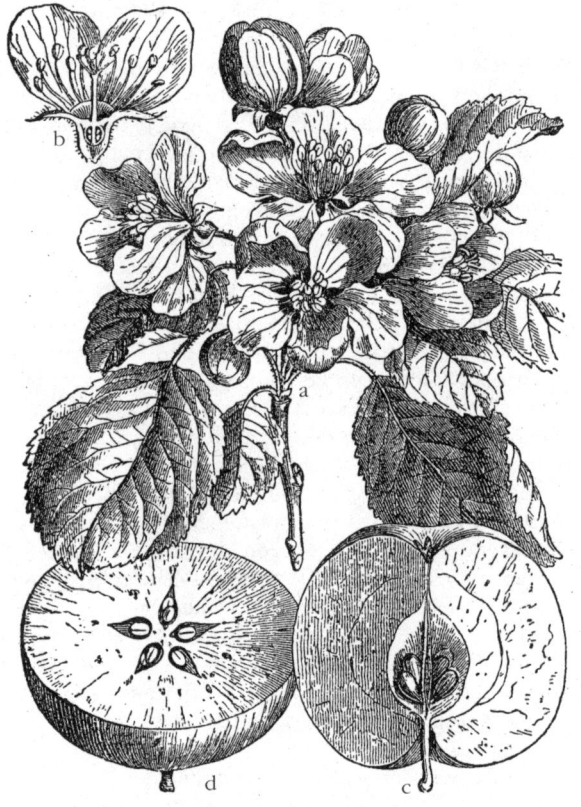

Apfelbaum, *Malus silvestris*. **a** Blütenzweig, verkl.; **b** Durchschnitt der Blüte; **c** senkrechter Durchschnitt der Frucht, verkl.;
d Querschnitt, verkl.

wie die Sünde in die Welt hinausrollt. Wir alle wissen aber auch, daß es wirklich nicht seine Schuld war, daß er am Baum der Erkenntnis hing, daß die Schlange sich zu ihm gesellte, und daß er vor vielen Jahrtausenden wohl ebensowenig als heute verlangte, gepflückt und gegessen zu werden. Wir wissen auch, daß der Männerkrieg von Troja und alle Greuel, welche die Lanze dabei verübte, nicht in der Absicht des rotwangigen Apfels lagen, er müßte denn gewußt haben, daß aus all dem männermordenden Schlachtengewühl einst die unsterbliche Blüte der Dichtkunst rein wie eine Frühlingsblüte am Baum der Menschheit knospen werde.

Für die gute Art des Apfels spricht die Tatsache, daß er trotz aller üblen Nachreden sich doch siegreich in der Liebe der Menschen behauptet hat, und daß er noch heute als Sinnbild rückhaltloser Großmut gilt, sowie daß die Blüte des Baumes Liebe bedeutet, Bitte und Erfüllung.

Unser Apfelbaum gibt gutes, dauerhaftes Holz, das für Tischlerarbeiten vielfach verwendet wird und sich auch als Brennmaterial trefflich eignet.

Unsere Pflanzenwelt

BRÜDER GRIMM

FRAU HOLLE

Eine Witwe hatte zwei Töchter, davon war die eine schön und fleißig, die andere häßlich und faul. Sie hatte aber die häßliche und faule, weil sie ihre rechte Tochter war, viel lieber, und die andere mußte alle Arbeit tun und der Aschenputtel im Hause sein. Das arme Mädchen mußte sich täglich auf die große Straße bei einem Brunnen setzen und mußte so viel spinnen, daß ihm das Blut aus den Fingern sprang. Nun trug es sich zu, daß die Spule einmal ganz blutig war, da bückte es sich damit in den Brunnen und wollte sie abwaschen; sie sprang ihm aber aus der Hand und fiel hinab. Es weinte, lief zur Stiefmutter und erzählte ihr das Unglück. Sie schalt es aber so heftig und war so unbarmherzig, daß sie sprach: »Hast du die Spule hinunterfallen lassen, so hol sie auch wieder herauf.« Da ging das Mädchen zu dem Brunnen zurück und wußte nicht, was es anfangen sollte; und in seiner Herzensangst sprang es in den Brunnen hinein, um die Spule zu holen. Es verlor die Besinnung, und als es erwachte und wieder zu sich selber kam, war es auf einer schönen Wiese, wo die Sonne schien und vieltausend Blumen standen. Auf dieser Wiese ging es fort und kam zu einem Backofen, der war voller Brot; das Brot aber rief: »Ach, zieh mich raus, zieh mich raus, sonst verbrenn ich: ich bin schon längst ausgebacken.« Da trat es herzu und holte mit dem Brotschieber alles nacheinander heraus. Danach ging es weiter und kam zu einem Baum, der hing voll Äpfel, und rief ihm zu: »Ach, schüttel mich, schüttel mich, wir Äpfel sind alle miteinander reif.« Da schüttelte es den Baum, daß die Äpfel fielen, als regneten sie, und schüttelte, bis keiner mehr oben war; und als es alle in einen Haufen zusammengelegt hatte, ging es wieder weiter. Endlich kam es zu einem kleinen Haus, daraus guckte eine alte Frau, weil sie aber so große Zähne hatte, ward ihm angst, und es wollte fortlaufen. Die alte Frau aber rief ihm nach: »Was fürchtest du dich, liebes Kind? Bleib bei mir, wenn du alle Arbeit im Hause ordentlich tun willst, so soll dir's gut gehn. Du mußt nur achtgeben, daß du mein Bett gut machst und es fleißig aufschüttelst, daß die Federn fliegen, dann schneit es in der Welt*; ich bin die Frau Holle.« Weil die Alte ihm so gut zusprach, so faßte sich das Mädchen ein Herz, willigte ein und begab sich in ihren Dienst. Es besorgte auch alles nach ihrer Zufriedenheit und schüttelte ihr das Bett immer gewaltig, auf daß die Federn wie Schneeflocken umherflogen; dafür hatte es auch ein gut Leben bei ihr, kein böses Wort und alle Tage Gesottenes und Gebratenes. Nun war es eine Zeitlang bei der Frau Holle, da ward es traurig und wußte anfangs selbst nicht, was ihm fehlte, endlich merkte es, daß es Heimweh war; ob es ihm hier gleich vieltausendmal besser ging als zu Haus, so hatte es doch ein Verlangen dahin. Endlich sagte es zu ihr: »Ich habe den Jammer nach Haus kriegt, und wenn es mir auch noch so gut hier unten geht, so kann ich doch nicht länger bleiben, ich muß wieder hinauf zu den Meinigen.« Die Frau Holle sagte: »Es gefällt mir, daß du wieder nach Haus verlangst, und weil du mir so treu gedient hast, so will ich dich selbst wieder hinaufbringen.« Sie nahm es darauf bei der Hand und führte es vor ein großes Tor. Das Tor ward aufgetan, und wie das Mädchen gerade darunterstand, fiel ein gewaltiger Goldregen, und alles Gold blieb an ihm hängen, so daß es über und über davon bedeckt war. »Das sollst du haben, weil du so fleißig gewesen bist«, sprach die Frau Holle und gab ihm auch die Spule wieder, die ihm

---

* Darum sagt man in Hessen, wenn es schneit, die Frau Holle macht ihr Bett.

in den Brunnen gefallen war. Darauf ward das Tor
verschlossen, und das Mädchen befand sich oben auf
der Welt, nicht weit von seiner Mutter Haus; und als es
in den Hof kam, saß der Hahn auf dem Brunnen und
rief:

»Kikeriki,
    unsere goldene Jungfrau ist wieder hie.«

Da ging es hinein zu seiner Mutter, und weil es so mit
Gold bedeckt ankam, ward es von ihr und der Schwester
gut aufgenommen.

Das Mädchen erzählte alles, was ihm begegnet war,
und als die Mutter hörte, wie es zu dem großen Reich-
tum gekommen war, wollte sie der andern, häßlichen
und faulen Tochter gerne dasselbe Glück verschaffen.
Sie mußte sich an den Brunnen setzen und spinnen; und
damit ihre Spule blutig ward, stach sie sich in die Finger
und stieß sich die Hand in die Dornhecke. Dann warf sie
die Spule in den Brunnen und sprang selber hinein. Sie
kam, wie die andere, auf die schöne Wiese und ging auf
demselben Pfade weiter. Als sie zu dem Backofen gelangte, schrie das Brot wieder: »Ach, zieh mich raus, zieh
mich raus, sonst verbrenn ich, ich bin schon längst ausgebacken.« Die Faule aber antwortete: »Da hätt ich Lust,
mich schmutzig zu machen«, und ging fort. Bald kam sie
zu dem Apfelbaum, der rief: »Ach, schüttel mich, schüttel mich, wir Äpfel sind alle miteinander reif.« Sie antwortete aber: »Du kommst mir recht, es könnte mir einer
auf den Kopf fallen«, und ging damit weiter. Als sie vor
der Frau Holle Haus kam, fürchtete sie sich nicht, weil
sie von ihren großen Zähnen schon gehört hatte, und
verdingte sich gleich zu ihr. Am ersten Tag tat sie sich
Gewalt an, war fleißig und folgte der Frau Holle, wenn

sie ihr etwas sagte, denn sie dachte an das viele Gold,
das sie ihr schenken würde; am zweiten Tag aber fing
sie schon an zu faulenzen, am dritten noch mehr, da
wollte sie morgens gar nicht aufstehen. Sie machte auch
der Frau Holle das Bett nicht, wie sich's gebührte, und
schüttelte es nicht, daß die Federn aufflogen. Das ward
die Frau Holle bald müde und sagte ihr den Dienst auf.
Die Faule war das wohl zufrieden und meinte, nun
würde der Goldregen kommen; die Frau Holle führte sie
auch zu dem Tor, als sie aber darunterstand, ward statt
des Goldes ein großer Kessel voll Pech ausgeschüttet.
»Das ist zur Belohnung deiner Dienste«, sagte die Frau
Holle und schloß das Tor zu. Da kam die Faule heim,
aber sie war ganz mit Pech bedeckt, und der Hahn auf
dem Brunnen, als er sie sah, rief:

»Kikeriki,
   unsere schmutzige Jungfrau ist wieder hie.«

Das Pech aber blieb fest an ihr hängen und wollte, solange sie lebte, nicht abgehen.

DAPHNE DU MAURIER
DER APFELBAUM

Es waren drei Monate seit ihrem Tod verstrichen, da fiel
ihm der Apfelbaum zum erstenmal auf. Er hatte ihn
natürlich schon immer gekannt, stand er doch zusammen mit den anderen vor dem Haus auf dem Rasen, der
sich sanft ansteigend bis an das angrenzende Feld er-
streckte. Dennoch hatte er an diesem Baum, der ja nicht
anders war als die übrigen, nichts weiter bemerkt, als

daß er der dritte von links war und, ein wenig abseits stehend, sich stärker an die Terrasse lehnte.

Es war an einem schönen, klaren Morgen zu Beginn des Frühjahrs, und er rasierte sich bei offenem Fenster. Als er sich, den Seifenschaum noch im Gesicht, den Rasierapparat in der Hand, aus dem Fenster lehnte, um die frische Luft einzusaugen, fiel sein Blick auf den Apfelbaum. Wahrscheinlich lag es an der Beleuchtung, vielleicht waren die Strahlen der Sonne, die über den Wäldern aufstieg, zufällig gerade in diesem Augenblick auf den Baum gefallen; jedenfalls war die Ähnlichkeit unverkennbar.

Er legte den Rasierapparat auf das Fenstersims und starrte hinaus. Der Baum war dürr, schief gewachsen und bedauernswert kümmerlich. Von der knorrigen Gesundheit der anderen Bäume war an ihm nichts zu bemerken, und die wenigen Äste, die wie schmale Schultern bei einem großen Menschen hoch am Stamm ansetzten, breiteten sich aus in märtyrerhafter Ergebenheit, als ob es sie in der frischen Morgenluft fröstelte. Das Drahtgeflecht, das den Stamm bis zur halben Höhe umgab, schlotterte wie ein ärmlicher, grauer Rock um magere Glieder. Der oberste Zweig reckte sich über alle anderen in die Luft, war aber dennoch ein wenig geneigt, so daß er wie ein vornübergebeugter Kopf wirkte.

Wie oft hatte er Midge so niedergeschlagen stehen sehen! Wo immer es gewesen war, ob im Garten oder im Haus, ja selbst während des Einkaufens in der Stadt, immer wieder hatte sie den Kopf so Mitleid heischend zur Seite geneigt, als wolle sie allen kundtun, das Leben habe ihr schwer mitgespielt; sie vor allen anderen sei ausersehen, an einer besonders schweren Last zu tragen, die sie klaglos bis zum Ende schleppen würde.

»Midge, du siehst so abgearbeitet aus, um Himmels willen, setz dich doch und ruh dich ein wenig aus!« – Diese Worte hatte sie immer nur mit dem unvermeidlichen Achselzucken und dem unvermeidlichen Seufzer beantwortet: »Jemand muß die Arbeit schließlich machen.« Daraufhin pflegte sie sich wieder an das öde Einerlei all der unnützen Arbeiten zu begeben, die tagaus, tagein, das liebe lange Jahr hindurch zu verrichten sie sich auferlegt hatte.

Er starrte noch immer auf den Apfelbaum. Die gebeugte Haltung, der geneigte Wipfel, die müden Zweige, die wenigen verdorrten Blätter, die der Wind und der Regen des vergangenen Winters nicht hatten von den Zweigen lösen können und die jetzt wie Haarbüschel im Frühlingswind flatterten, all das klagte den Besitzer des Gartens, der darauf hinabschaute, stumm an: »Deinetwegen bin ich so! Weil du mich vernachlässigt hast!« Er wandte sich vom Fenster ab und fuhr fort, sich zu rasieren. [...]

Er ging nach dem Frühstück in das Gerätehaus und nahm Säge, Keile und Axt herunter. Man konnte nicht wissen, was er alles brauchen würde. Er fuhr mit dem Daumen prüfend über die Schneide; sie war scharf.

Als er mit den geschulterten Werkzeugen zurück in den Vordergarten ging, lachte er vor sich hin. So wie er jetzt, mußte in früherer Zeit der Scharfrichter ausgesehen haben, wenn er sich aufmachte, ein armes Opfer im Tower zu köpfen. Er legte die Werkzeuge in der Nähe des Apfelbaumes nieder. Es war ja wirklich nur ein Gnadenakt. Niemals hatte er etwas so Erbärmliches, so unendlich

43

Jammervolles wie diesen Apfelbaum gesehen. Es konnte wirklich kein Leben mehr in ihm sein. Kein Blatt hing mehr in den Zweigen. Verzerrt, häßlich, niedergebeugt! Der hübsche Rasen wurde durch ihn verdorben. Wenn er fort wäre, würde die ganze Gartenanlage viel besser zur Geltung kommen. Eine Schneeflocke fiel ihm auf die Hand. Dann noch eine. Er schaute an der Terrasse vorbei zum Speisezimmerfenster und sah die Aufwartefrau den Tisch decken. Er ging hinunter ins Haus.

»Bitte stellen Sie mir doch das Mittagessen in den Backofen«, sagte er, »ich werde heute selbst für mich sorgen. Ich habe zu tun und möchte nicht an die Mahlzeiten gebunden sein. Außerdem wird es schneien. Es ist also besser, wenn Sie heute früher nach Hause gehen, falls es wirklich schlimm wird. Ich komme sehr gut allein zurecht, wirklich.«

Vielleicht dachte sie, er hätte diesen Entschluß aus Trotz gegen ihre gestrige Kündigung gefaßt. Mochte sie denken, was sie wollte, ihm war es einerlei. Er wollte allein sein. Er wollte nicht vom Fenster aus von jemandem beobachtet werden. Die Aufwartefrau verließ das Haus um halb ein Uhr, und sobald sie fort war, ging er an den Backofen und aß zu Mittag. Er beeilte sich, um den ganzen kurzen Nachmittag zum Baumfällen zur Verfügung zu haben.

Es war kein Schnee mehr gefallen, nur einige Flocken, die aber sofort schmolzen. Er zog den Mantel aus, rollte die Ärmel hoch und ergriff die Säge. Mit der linken Hand entfernte er den Draht, der den Stamm bis zur halben Höhe umgab. Dann setzte er die Säge etwa fünfundzwanzig Zentimeter über dem Boden an und begann zu sägen – vor und zurück, vor und zurück.

Caspar Alves: Späte Frucht

Die ersten zwölf Stöße ging alles glatt. Die Säge fraß sich ins Holz, die Zähne faßten gut. Doch dann klemmte sie plötzlich. Das hatte er gefürchtet. Er versuchte die Säge herauszuziehen, doch der Spalt war nicht breit genug, und der Stamm lastete auf dem Sägeblatt. Er trieb den ersten Keil hinein, doch ohne Erfolg. Beim zweiten Keil verbreiterte sich der Spalt zwar etwas, doch war er immer noch nicht so groß, um die Säge freizugeben.

Er zog und zerrte, doch alles war nutzlos. Er begann die Geduld zu verlieren, nahm die Axt und hackte auf den Stamm los. Kleine Holzstücke flogen zur Seite, ins Gras. Das war besser, so mußte man's machen.

Schlag folgte auf Schlag. Die Axt zersplitterte den Stamm und fraß sich in ihn hinein. Zuerst flog die lockere Rinde fort, dann große Späne weißen Holzes. Es war zäh und faserig. Heraushacken! Herausmeißeln! Das zähe Gewebe auseinandersprengen! Er warf die Axt fort und kratzte mit bloßen Händen das schon vermoderte weiche Innere des Stammes heraus. Immer noch nicht genug, weiter, weiter.

Endlich waren Säge und Keile wieder befreit. Wieder hieb er mit der Axt drauflos, dorthin, wo die zähen Fasern so fest zusammenhielten. Jetzt stöhnt der Baum … jetzt kracht es, er erzittert, wankt, gehalten nur noch von einem schmalen, blutenden Streifen. Ein heftiger Schlag, endlich! Noch ein Schlag, noch einer, ein letzter, jetzt ist es vorbei, er fällt … Er liegt am Boden … Dieser verdammte Baum, vernichtet … Endlich am Boden, die Luft saust, wie er fällt, und alle Zweige sind zersplittert, liegen verstreut auf dem Rasen umher.

Er trat zurück und wischte sich den Schweiß von Stirn und Kinn. Die Trümmer breiteten sich um ihn her, unter ihm aus. Er starrte auf den zerspellten, zerschundenen weißen Stumpf des gefällten Baumes.

Es begann zu schneien. [...]

Er hatte die Gartenpforte offengelassen, schloß sie jetzt hinter sich und ging auf die Terrasse zu. Tiefe Stille lag über dem Garten. Kein Laut war zu hören. Es war, als habe ein Geist den Ort verzaubert und alles weiß und still zurückgelassen.

Er ging vorsichtig über den Schnee auf die Apfelbäume zu.

Jetzt stand der junge allein über den Stufen und wurde nicht mehr von dem anderen behindert. Wie er so mit seinen ausgebreiteten, weiß glitzernden Zweigen dastand, schien er aus dem Traumland zu sein, aus der Welt der Phantasie und der Geister. Er spürte den Wunsch, neben dem kleinen Baum zu stehen und sich zu vergewissern, daß er auch tatsächlich noch lebte, daß der Schnee ihm nicht geschadet und daß er im Frühjahr wieder blühen würde.

Er konnte ihn fast greifen, da stolperte er und fiel zu Boden. Er hatte sich mit dem Fuß in einem im Schnee versteckten Hindernis verfangen.

Er versuchte, den Fuß zu bewegen, doch der hatte sich festgeklemmt, und plötzlich, unter heftigen Schmerzen, wußte er, daß es der zerspellte, gespaltene Stumpf des alten, gefällten Apfelbaums war, der ihn festhielt.

Er beugte sich vor, stützte sich auf die Ellenbogen und versuchte sich auf dem Boden vorwärtszuziehen, doch er war unglücklich gefallen, den Fuß nach hinten gedreht, so daß er bei jedem Versuch, sich zu befreien, nur noch tiefer in die Falle geriet, den Fuß noch fester einklemmte. Er suchte unter dem Schnee nach dem Boden, doch überall stieß er auf kleine Zweige des Apfelbaums, die abgebrochen waren, als der Baum fiel, und die jetzt der Schnee bedeckte. Er rief um Hilfe, wußte jedoch in der Tiefe seines Herzens, daß niemand ihn hören konnte.

»Laß mich los, laß mich los«, rief er, als ob es in der Macht des Baumstumpfs läge, ihn freizugeben. Tränen der Angst und Verzweiflung rannen ihm über die Wangen. Er würde also in den Fängen des alten Apfelbaums die ganze Nacht liegenbleiben müssen. Es bestand keine Hoffnung, befreit zu werden. Erst am Morgen würden sie ihn finden. Wie, wenn es dann zu spät, wenn er schon tot wäre und steif auf dem gefrorenen Schnee läge?

Noch einmal versuchte er, unter Verwünschungen und Tränen, sich zu befreien. Es hatte keinen Zweck. Er konnte sich nicht bewegen. Erschöpft legte er den Kopf auf die Arme und weinte. Er sank tiefer, immer tiefer in den Schnee ein, und als seine Lippen auf einen kalten und feuchten Zweig trafen, da war es wie die Berührung einer zögernden, schüchternen Hand, die sich im Dunkel nach ihm ausstreckte.

SIEGFRIED LENZ

DER MANN IM APFELBAUM

Einen seltsamen Baum, Herrschaften, gab es bei uns in Suleyken; wohl den seltsamsten Baum von der Welt. Was sich auf seinen Zweiglein schaukelte, es waren die Blüten des Aberglaubens, und es waren – aber ich will der Reihe nach erzählen.

Vierunddreißig Apfelbäume, so wird berichtet, besaß der Adam Arbatzki, keinen aber pflegte und bevorzugte er mehr als den, welcher unmittelbar neben seinem Häuschen stand. Es war, betrachtete man alles aus der Entfernung, ein sonderbares Verhältnis, das dieser Adam Arbatzki mit seinem Bäumchen hatte: nicht nur, daß er ihm reichlich und vom besten Dünger gab, daß er zur Zeit der Nachtfröste ein Koksöfchen neben ihm aufstellte – zuweilen, wie mehrmals festgestellt wurde, pflegte er sich sogar mit ihm zu unterhalten. Plauderte schließlich so ungeniert mit dem Bäumchen, bis seine Frau, ein ganz junges Marjellchen namens Sofja, einiges mitbekam und ihn darob mit folgenden Worten zur Rede stellte: »Ich habe, Adam, im letzten Winter rechnen gelernt. Und ich habe ausgerechnet, daß du bei Sonne vier, bei Regen sieben Sätze mit mir redest. Mit meinen Ohren aber, die ich habe, um zu hören, habe ich erlauscht, daß du mit jenem Bäumchen, das immer mehr in die Breite geht und schon in alle Fenster hineinlugt, mehr als zehn Sätze sprichst. Demzufolge möchte ich bitten um Aufklärung. Das ist ja wohl möglich.«

Adam Arbatzki, er lächelte mild und müde, besann sich ein wenig und sprach dann mit leiser Stimme: »Die zehn Sätzchen, moia Zonka, die ich sprech zu dem Baum, sprech ich zu mir selbst. Denn dies Bäumchen ist niemand anderes als meine Wenigkeit. Ich habe es gepflanzt, damit ich schlüpfen kann in es, wenn ich tot bin. Und damit ich aufpassen kann auf dich, Sofja. Du bist noch jung, moia Zonka, und wer jung ist, stellt sich womöglich ziemlich dreibastig an. Somit möchte ich dich schon heute ein bißchen warnen. Das Bäumchen – und das heißt ich – kann hineinlugen in alle Fenster und sehen, was vor sich geht. Wenn zuviel vor sich geht nach meinem Tode, werd ich mich schon auf gewisse Weise melden.«

Dies Gespräch fand statt an einem Dienstag; an einem Mittwoch legte sich Adam Arbatzki ins Bett, an einem Donnerstag schickte er nach dem Arzt, und da er sich an dem Arzt nicht vergriff, sondern schluckte, was dieser ihm verschrieb, starb er an einem Sonntag zur Kaffeezeit. Eigentlich war er auch alt genug dafür.

Na, die Sofja, das kribblige Marjellchen, sorgte sich, daß ihr Adam Arbatzki ein schönes Plätzchen fand, mottete seine Jacken und Hosen ein und verhielt sich ruhig. Wenigstens einstweilen. Aber nach und nach ließ sie die Trauer hinter sich – war ja auch zu jung, um sich künftighin nur zu grämen – und erging sich in dem, worin das Leben, scheint's, zur Hauptsache besteht: nämlich in Geschäftigkeit. Diese Geschäftigkeit führte sie, was keinen wundern wird, gelegentlich auch unter das Bäumchen des Adam Arbatzki. Aber statt ihm Dünger anzubieten, ein Eimerchen voll bester Jauche oder ein Koksöfchen für die Nachtfröste, bot sie ihm nur scheele Blicke. Rupfte sich, im Vorbeigehen, auch mal einen Zweig ab, schlug mit dem Fuß dagegen oder machte sonst was – alles nur, um zu sehen, wie weit der alte Adam Arbatzki wirklich in dem Bäumchen enthalten sei. Und da auf ihre Versuche nichts Außergewöhnliches geschah, kein Ächzen erfolgte, kein Stöhnen, Rauschen oder Schimpfen, ließ sie eines Tages, weil der Baum ihr quasi ein ungeheurer Splitter im Auge war, einen fremden Knecht kommen und sprach zu dem: »Hacke mir«, sprach sie, »Knecht, dieses runzlige Ding weg. Schön ist es nicht, wachsen tut es nicht mehr, und die Äpfel, die es abwirft, kann kein Mensch in den Mund nehmen. Außerdem nimmt mir das Gewächs das Licht weg für alle Stuben.«

Der Knecht, ein gewisser Sbrisny, holte sich darauf seine Axt, holte sich noch dazu ein Fuchsschwänzchen und ein Seil und schickte sich an, dem Adam Arbatzki im Baume den Garaus zu machen. Bis hierher ging auch alles gut.

Aber nun frage ich: wer, Herrschaften, würde von uns stumm zusehen, wenn ein gewisser Sbrisny käme, uns ein Seil um den Hals legte und dann anfinge, mit seinem Fuchsschwänzchen an unseren Beinen herzumzusägen? Ich will doch hoffen, da würde sich niemand ruhig verhalten. Na also. Und darum ist auch nicht zu erwarten, daß sich der Adam Arbatzki im Baume ruhig verhielt: als sich der Knecht mit der Säge gerade bückte, flog ihm ein morscher Ast so eindrucksvoll auf den Schädel, daß er sich nicht wieder hochrecken konnte. Mußte im Fuhrwerk nach Hause geschafft werden, dieser Sbrisny, und mied den bezeichneten Baum von Stund an.

Darauf ging das Marjellchen Sofja wie wandelnd unter das Bäumchen, lauschte ein Weilchen, sah sich alles genau an und wisperte: »Der Knecht Sbrisny, Adam Arbatzki, hat immer geholfen bei den Rüben. Und das Heu hat er eingefahren. Es schickt sich nicht, wenn du ihm so schlägst auf den Dassel. Ein Ast zieht schlimmer als die Hand.«

Das Bäumchen schwieg dazu, und Sofja, die junge Witwe, ging in ihr Haus und überlegte.

Überlegte, ob er kommen solle oder nicht – er: damit ist gemeint das kräftige Bürschchen Egon Zagel, ein Lachudder weit und breit, worunter man sich vorzustel-

len hat einen Lümmel. Schließlich, weil sie in sich po-
chen fühlte eine Sehnsucht, entschied sie, daß er gegen
Abend zu ihr kommen solle, und sie gab ihm Bescheid.

So kam Egon Zagel auf seinen – wenn es erlaubt ist
zu sagen – schiefgelaufenen Latschen der Liebe ins
Häuschen und ging ohne Umschweife der Tätigkeit
eines Freiers nach. Aber mitten im Prahlen und Ringeln,
im Drehen und Scharwenzeln – was geschah da? Was
man erwartet hat: Adam Arbatzki im Baum schlug mit
den Ästen gegen die Fenster, knarrte im Wind und
kratzte mit verschiedenen Zweigen am Strohdach. Tat
das unablässig und derart aufdringlich, daß die Sofja sich
erhob und zu dem Freier sprach: »Du könntest, Egon Zagel, bitte schön, hinausgehen und dem Baum ein paar
Äste nehmen. Besonders die, mit denen er uns nicht in
Ruhe läßt.«

»Das wird«, sprach der Freier, »geordnet in zwei Minuten.« Schnappte sich ein Küchenmesser und trat unter
den Baum, um die fraglichen Äste auszumachen. In diesem Augenblick schüttelte sich Adam Arbatzki so, daß
das Bürschchen erst einmal gehörig naß wurde, und als
es sich, mit zwei, drei Schritten, in Sicherheit bringen
wollte, stellte ihm der Adam Arbatzki ein Bein, genauer
gesagt, er stellte dem Lachudder eine Wurzel, woraufhin
dieser dergestalt stolperte und sich drehte, daß ihm das
Küchenmesser in eine seiner bemerkenswerten Hinter-
backen fuhr. Der jungen Witwe blieb es vorbehalten, das
Küchenmesser herauszuziehen und zu säubern, und es
braucht nicht gesagt zu werden, daß jener Freier ziemlich rasch verduftete.

Ja, und nun begann es sich allmählich herumzuspre-
chen, was mit diesem Bäumchen los war, und es gab

nicht wenige in Suleyken, die es höflich grüßten und hin und wieder auch ein Wörtchen zu ihm sprachen. Vor allem fand sich keiner, der bereit gewesen wäre, das Marjellchen Sofja als regelrechte Witwe anzusehen – ein Umstand, der ihr außerordentlich zu Herzen ging und sie, wo nicht schwermütig, so doch ratlos machte. Dieser Zustand hielt auch ein paar Jährchen an. Aber in ihrem Kopf rumorte es, rumorte so lange, bis ergrübelt war ein neuer Plan, wie dem Bäumchen zur Rinde zu gehen wäre. Und sie ließ kommen einen auswärtigen Knecht aus Schissomir, einen düsteren Menschen namens Strichninski, der von nichts wußte. Diesem wurde aufgetragen, eine Fackel an das Bäumchen zu legen und es sachte abpesern zu lassen.

Wickelte auch gleich, dieser Strichninski, ein Stück Sackleinwand um einen Knüppel, tauchte ihn in Teer, zündete ihn an und warf ihn gegen das Bäumchen. Und jetzt mag man es glauben oder nicht: die Fackel prallte so forsch ab, als ob der Baum sie zurückgeschleudert hätte; sie flog zu jenem Strichninski zurück und leckte ihm einmal über die Visage, was bewirkte, daß er schreiend davonrannte.

Wieder trat Sofja, die junge Witwe, in den Garten und beschimpfte Adam Arbatzki im Baum. Aber der blieb stumm.

Schon war das Marjellchen daran, sich für immer in ihr Geschick zu fügen, als sich ein kleiner lebhafter Gärtner mit Namen Butzereit bei ihr einstellte, der von ihrem Unglück vernommen hatte. Kam also zu ihr und sagte: »Was man zu hören bekommt über den Adam Arbatzki im Baum, es stimmt einen nachdenklich. Aber wer, frage ich, wird sich nicht wehren, wenn man ihm fährt an die

Haut. Da muß man anders handeln. Gegen entsprechende Vergütung würde ich es schon übernehmen.«

»Es wird«, sagte Sofja, »alles vergütet bei Gelegenheit.«

Was bleibt mir zu sagen? Dieser kleine, lebhafte Gärtner nahm ihre Hand und sagte: »Ich werde«, sagte er, »das Bäumchen verschönern. Dagegen wird es wohl nichts haben. Es geht alles ohne Gewalt.«

Und er ging hin und begann das Apfelbäumchen auf verschiedene Weise zu veredeln: durch, wie es heißt, Äugeln, durch Geißfußpfropfen und Kerbeln. Setzte ihm hier einen Haselnußast an, da einen Zweig vom Birnbaum, verwendete Kastanien, Birken, Weiden und sogar Linden, und pfropfte dem Bäumchen alles auf unter ständigen Schmeicheleien. Und das Bäumchen, es ließ sich das auch gefallen – womit es, wie jeder Kundige einsehen wird, überlistet war. Denn es wuchs nun, ja, wohin wuchs es eigentlich? Auf einer Seite hingen Haselnüsse, auf der anderen Äpfel, hier waren es Kastanien, da Kruschken, mit einem Wort: Adam Arbatzki im Baum verlor so allmählich seine Natur, wuchs sich gewissermaßen aus. Was zuletzt von ihm nachblieb, war nur der Stamm. Sagt selbst, Herrschaften, geben Beine noch einen Menschen ab? So also verzweigte und verzettelte sich jener Adam Arbatzki, weil er nichts gegen eine Veredelung hatte. Wer nach Suleyken kommt, kann ihn übrigens immer noch dort sehen: den wahrscheinlich seltsamsten Baum von der Welt.

Ein Apfelbaum in voller Blüte steht,
Ein leichter West in seinen Zweigen weht;
Er schaut, verklärt vom blutig roten Schein,
Verwundert auf den wilden Brand herein.

Es ist, als ob der helle Glanz ihn freut',
Weil Blütenblätter in die Glut er streut;
Er atmet ein des Feuers heißen Hauch,
Um seine Krone spielend zieht der Rauch.

Da plötzlich langt herüber aus dem Brand
In seine Äste tief die Flammenhand:
Zu Kohlen brennt der schöne Blütenbaum –
Hin ist ein dichterlicher Lebenstraum!

Gottfried Keller

René Magritte: Die schönen Realitäten

III. APFELBLÜTEN

AUS DEM AMTSBLATT
DER EUROPÄISCHEN GEMEINSCHAFTEN

III. GRÖSSENSORTIERUNG

Die Größensortierung erfolgt nach dem höchsten Querdurchmesser.

Der Unterschied im Querdurchmesser von Früchten eines Packstücks ist auf 5 mm begrenzt [1]:

1. bei Früchten der Klasse „Extra",
2. bei Früchten der Klassen „I" und „II", die in Reihen und Schichten gepackt sind.

Der Unterschied im Querdurchmesser darf 10 mm betragen bei Früchten der Klasse „I", die lose verpackt sind.

Für lose verpackte Früchte der Klasse „II" ist keine Grenze festgelegt, auch nicht für Früchte der Klasse „III".

Außerdem sind für alle Klassen Mindestgrößen wie folgt erforderlich:

Äpfel	„Extra"	„I"	„II"	„III"
Großfrüchtige Sorten	65 mm	60 mm	55 mm	50 mm
Andere Sorten	60 mm	55 mm	50 mm	50 mm

[1] Doch wird außer Betracht gelassen, wenn eine Frucht 1 mm nach oben oder unten von der gewählten Größensortierung abweicht, unter der Voraussetzung, daß es sich nur um Abweichungen handelt verursacht durch den Gebrauch einer normalen Sortiermaschine in einer zahlenmäßigen Begrenzung, die der korrekten Aufmachung des Erzeugnisses keinen Abbruch tut.

AN APPLE A DAY
KEEPS THE DOCTOR AWAY

In der volksmedizinischen Verwendung des A.s
tritt häufig die apotropäische Wirkung des zu den
heiligen Zeiten genossenen A.s zutage. Wer am
Ostermorgen, am Gründonnerstag, am Karfreitag, an
Weihnachten oder an Pfingsten frühmorgens einen A.
nüchtern ißt, der bleibt das ganze Jahr vor Krankheit
(besonders Fieber, Zahnweh) geschützt. Der den »Palm«
schmückende A. schützt vor Halsweh oder allgemein
gegen Krankheiten. Der A., der von dem Erstkommuni-
kanten mit in die Kirche genommen und nachher gegessen wird, bewahrt zeitlebens vor Zahnweh. Besonders aus früheren Jahrhunderten sind Rezepte genannt,
in denen gegen Fieber ein mit Segensworten beschriebe-
ner A. von dem (an Fieber) Kranken gegessen wird. Wie
viele andere Bäume nimmt auch der A.baum Krankheiten auf. Gegen Fieber, Schwindsucht, Gicht, Zahnweh usw. geht der Kranke zu einem A.baum und spricht:
»A.baum, ich tue dir klagen / die Schwindsucht tut mich
plagen / der erste Vogel, der über dich fliegen tut / be-
nehme mich der Schwindsucht gut«. Gegen Zahnweh
geht man in der Osternacht stillschweigend zu einem
A.baum, setzt den rechten Fuß gegen den Stamm und
spricht: »Neu Himmel, Neu Erde / Zahn ich verspreche
dich / daß du mir nicht schwellst noch schwärest / bis
wieder Ostern wird«. Bei abnehmendem Monde oder
früh vor Sonnenaufgang geht man zu einem A.baum,
erfaßt einen Zweig und spricht: »Jetzt greife ich an den
grünen Ast, der nehme von mir alle Last, alle meine
böse Geschichte, das Schwinden und das Reißen soll

aus meinen Gliedern weggehen und in den Ast ent-
schleichen«. Bei Gelbsucht wird der Harn des Kranken
in einem neuen irdenen Nachtgeschirr unbeschrien unter einem A.baum vergraben. Warzen (oder Hühnerau-
gen) vertreibt man, indem man mit den Stücken eines
entzwei geschnittenen A.s die Warze reibt, die Stücke
dann wieder zusammenfügt und den A. unter der Dach-
traufe vergräbt. Gegen Fieber ißt man einen mit Pfeffer-
körnern gespickten A. Ein geschälter A., nach oben zu
geschabt, erregt Erbrechen, ein nach unten geschabter
(d. h. gegen den Stiel zu) stopft den Durchfall. Wenn
Neugeborenen ein A. gegeben wird, so ist der ur-
sprüngliche Sinn wohl der, daß die Frucht des »Lebens-
baumes« Lebenskraft verleihen soll. Es wird aber im
Volksglauben damit begründet, daß das Kind später rote
Backen bekommt, daß es am Tische nicht ungebührlich
ißt und trinkt, daß das Kind einen reinen Atem bekommt. Auch das verschiedentlich geübte A u s s c h ü t -
t e n d e s e r s t e n B a d w a s s e r s unter einem A.baum,
das meist dahin gedeutet wird, daß das Kind dann
schöne rote Backen bekommt, dürfte hieher zu stellen
sein. Eine Frau bekommt schöne Kinder, wenn sie
während der Schwangerschaft viel Ä. ißt. In der Volks-
medizin gilt der A.baum vielfach als für das männliche
Geschlecht bestimmt, der Birnbaum aber für das weibliche. Gegen gelbes Fieber wird bei einem Mann der Harn
unter einem A.baum vergraben, bei einer Frau unter
einem Birnbaum. Das erste Badwasser eines Knaben
schüttet man unter einen A.baum, das des Mädchens unter einen Birnbaum; oft gehört dann auch der betref-
fende Baum dem Kinde und trägt dessen Namen; ver-
dorrt der Baum, so stirbt das Kind bald. Die beschmutzte

Windel eines Knaben, der immer schreit, wird unter einem A.baum vergraben, bei einem Mädchen unter einem Birnbaum. Dagegen hilft bei Nasenbluten bei Weibern das Blatt eines A.baumes, bei Männern das eines Birnbaumes. Um einem Säufer das Trinken zu verleiden gibt man ihm einen A., den ein Sterbender in der Hand gehalten hat. Man wird nicht trunken, wenn man morgens einen sauren A. ißt und einen Trunk frischen Wassers darauf tut. Das Essen eines A.s vor dem Schlafengehen macht gefeit gegen unkeusche Anfechtungen. Eine Schwangere kann nicht gebären, wenn sie Ä. ißt, die auf einen Weißdornstamm gepfropft waren.

Handwörterbuch des deutschen Aberglaubens

Georg Flegel: Stilleben mit Zwergpapagei

JOSTEIN GAARDER

NEWTON UND DER APFEL

»Schon Kepler hatte darauf hingewiesen, daß es eine
Kraft geben muß, die die Anziehungskraft unter den Planeten bewirkt. Von der Sonne muß zum Beispiel eine
Kraft ausgehen, die die Planeten auf ihren Bahnen fest-
hält. Eine solche Kraft kann außerdem erklären, warum
die Planeten sich in Sonnennähe schneller bewegen als
weiter entfernt von der Sonne. Kepler meinte außerdem,
daß Ebbe und Flut – also das Steigen und Sinken der
Meeresoberfläche – von einer Kraft des Mondes abhän-
gig sind.«

»Und das stimmt ja auch.«

»Ja, das stimmt. Aber Galilei stritt das ab. Er machte
sich lustig über Kepler und dessen, wie er meinte, fixe
Idee, ›daß der Mond das Wasser beherrscht‹. Galilei be-
stritt nämlich die Annahme, daß solche Kräfte über weite
Entfernung und damit *zwischen* den Planeten wirken
könnten.«

»Da hat er sich geirrt.«

»Ja, in diesem Punkt hat er sich geirrt. Und das ist fast
schon komisch, weil er sich sonst sehr mit der Schwerkraft der Erde und dem Fall der Körper zum Boden
beschäftigte. Er hat außerdem aufgezeigt, wie mehrere Kräfte die Bewegungen eines Körpers steuern können.«

»Aber du hast Newton erwähnt?«

»Ja, dann kam Newton. Er hat das sogenannte Gesetz
der *allgemeinen Gravitation* formuliert. Dieses Gesetz
sagt, daß jeder Gegenstand an jedem anderen Gegenstand mit einer Kraft zieht, die wächst, je größer die Ge-

genstände sind, und die sich mit wachsender Entfernung zwischen den Gegenständen verringert.«

»Ich glaube, ich verstehe. Zwischen zwei Elefanten besteht zum Beispiel größere Anziehungskraft als zwischen zwei Mäusen. Und zwischen zwei Elefanten im selben Zoo besteht größere Anziehungskraft als zwischen einem indischen Elefanten in Indien und einem afrikanischen Elefanten in Afrika.«

»Dann hast du alles verstanden. Und jetzt kommt das Wichtigste. Newton hat betont, daß diese Anziehungskraft – oder Gravitation – universell ist. Das heißt, sie gilt überall, auch im Weltraum zwischen den Himmelskörpern. Angeblich kam ihm diese Erkenntnis einmal, als er unter einem Apfelbaum saß. Als er einen Apfel vom Baum fallen sah, mußte er sich fragen, ob der Mond von derselben Kraft um die Erde gezogen wird, und ob der Mond deshalb in alle Ewigkeit um die Erde kreist.«

»Das war clever. Aber doch nicht allzu clever.«

»Wieso nicht, Sofie?«

»Wenn der Mond von derselben Kraft um die Erde gezogen würde, die den Apfel zum Fallen bringt, dann würde der Mond schließlich auf die Erde fallen, statt wie eine Katze um den heißen Brei zu schleichen.«

»Jetzt nähern wir uns langsam Newtons Gesetz der Bewegungen der Planeten. Bei dem, was du darüber sagst, wie die Schwerkraft der Erde den Mond anzieht, hast du zu fünfzig Prozent recht, aber auch zu fünfzig Prozent unrecht. Warum fällt der Mond nicht auf die Erde, Sofie? Denn die Schwerkraft der Erde zieht wirklich mit gewaltiger Kraft am Mond. Überleg doch nur, was für gewaltige Kräfte nötig sind, um das Meer bei Flut um ein oder zwei Meter hochzuziehen.«

»Nein, das verstehe ich nicht.«

»Denk an Galileis schiefe Ebene. Was ist passiert, als ich die Murmel die schiefe Ebene hinuntergerollt habe?«

»Wirken denn zwei verschiedene Kräfte auf den Mond ein?«

»Genau. Bei der Entstehung des Sonnensystems wurde der Mond mit gewaltiger Kraft aus der Bahn – und damit von der Erde fort – geschleudert. Diese Kraft wird in alle Ewigkeit weiterwirken, denn der Mond bewegt sich ohne Widerstand durch luftleeren Raum …«

»Aber gleichzeitig wird er durch die Schwerkraft der Erde zur Erde gezogen?«

»Genau. Beide Kräfte sind konstant, und beide wirken gleichzeitig. Deshalb wird der Mond sich auch weiter um die Erde drehen.«

»Ist das wirklich so einfach?«

»So einfach ist das, und eben diese ›Einfachheit‹ war für Newton das wichtigste. Er hat auch nachgewiesen, daß einige wenige physikalische Gesetze, wie das Trägheitsgesetz, überall im ganzen Universum gelten. Und bei den Bewegungen der Planeten hatte er nur zwei Naturgesetze angewandt, die schon Galilei aufgezeigt hatte: eben das Trägheitsgesetz und jenes, daß ein Körper, auf den zwei Kräfte gleichzeitig einwirken, sich auf einer ellipsenförmigen Bahn bewegen wird, wie Galileis Kugeln auf der schiefen Ebene zeigten.«

»Und dadurch konnte Newton erklären, warum alle Planeten um die Sonne kreisen.«

»Genau. Alle Planeten laufen in elliptischen Bahnen um die Sonne, und zwar aufgrund zweier verschiedener Bewegungen: erstens der geraden Bewegung, die sie bei der Entstehung des Sonnensystems eingeschlagen

Aquarell von Christophine Reinwald, der ältesten Schwester
Friedrich Schillers: »Rhother HerbstCalvil von d. Solitüde«

haben, und zweitens einer Bewegung hin zur Sonne aufgrund der Gravitation.«

»Ganz schön clever.«

»Das kannst du wohl sagen. Newton hat bewiesen, daß dieselben Gesetze für die Bewegungen der Körper überall im ganzen Universum gelten. Damit räumte er auch alte mittelalterliche Vorstellungen aus dem Weg, daß ›im Himmel‹ andere Gesetze gelten als hier auf Erden. Das heliozentrische Weltbild hatte seine Bestätigung und seine endgültige Erklärung.«

MARGUERITE SECHEHAYE
DAS WUNDER MIT DEN ÄPFELN

Der Affe war sehr unglücklich, denn er hatte nichts zu essen, alles war ihm untersagt, nur Äpfel und Spinat nicht. Und so ging ich in den Garten, um von dem Baum ein oder zwei Äpfel zu pflücken, die ich sogleich verschlang. Ich hatte kein schlechtes Gewissen, wenn ich diese Äpfel nahm, denn der Baum gehörte zu meinem Land, dem Land Tibet, wie ich es nannte, in dem ich Königin war. Ich hatte nämlich den deutlichen Eindruck, in einem wüstenähnlichen, öden, mineralischen, irrealen Land zu wohnen, in dem ich ein einziges Recht besaß, das Recht, Äpfel von meinem Baum zu essen. Doch trotz diesem Baum fühlte ich mich verlassen und elend, denn mein einziges Recht bestand darin, Äpfel zu essen, alles andere war mir verboten. Mama brachte mir nun kiloweise herrliche Äpfel mit. Doch ich rührte sie nicht an, denn ich durfte nur die Äpfel von meinem Apfelbaum nehmen, die noch mit ihrem Mama-Baum verbunden waren, und ich wünschte mir sehr, Mama möge mir Äpfel, wirkliche Äpfel schenken, wie ich es nannte. Leider verstand Mama nicht und fragte erstaunt: »Sind denn die Äpfel, die ich dir bringe, nicht wirklich? Warum ißt du sie nicht?« Diese Worte erbitterten mich, und ich entfernte mich mehr und mehr von Mama. Außerdem gelang es mir nicht mehr, Kontakt zu ihr zu bekommen, außer wenn sie den kleinen Affen in ihre Arme nahm und mit ihm sprach, was sie für mein Bedürfnis viel zu selten tat. Ich war sehr unglücklich, denn ich spürte, wie ich immer kleiner wurde und das System mich vernichten wollte. Zur gleichen Zeit, wie ich an Körper und Alter abnahm, entdeckte ich, daß ich neun Jahrhunderte alt war. Neun Jahrhunderte alt sein aber bedeutete für mich: noch nicht geboren sein. Daher fühlte ich mich mit meinen neun Jahrhunderten überhaupt nicht alt, im Gegenteil.

Mehr und mehr fühlte ich mich schuldig, verbrecherisch, und meine Strafe bestand darin, daß sich meine Hände in Katzenpfoten verwandelten. Ich hatte also eine grauenvolle Angst vor meinen Händen, und bald kam es mir vor, als würde ich demnächst in eine ausgehungerte Katze verwandelt, die in den Friedhöfen herumstreicht und die Reste von verwesenden Leichen fressen muß. Zudem fühlte ich mich von neuem beobachtet, angegriffen, verhöhnt vom Chef des Systems: Antipiol. Er stand rechts, in einer Ecke meines Zimmers, in der Nähe des Schrankes. Spöttische Stimmen kicherten: »Ha, ha! Unglückliche, iß, iß doch, iß!« Sie drängten mich, zu essen, und wußten doch, daß das verboten war und daß ich streng bestraft würde, wenn ich ihren Einflüsterungen nachgeben würde. Zu jener Zeit hatte mein Ohr größeren Anteil an der Wahrnehmung der Stimmen. Es war nicht mehr wie vorher, als ich auf Stimmen antwortete, die ich gar nicht hörte. Nun aber unterschied ich sie sehr gut von wirklichen Stimmen, ich kann sagen, daß ich richtige Stimmen hörte, die in meinem weiten Zimmer widerhallten. Und außerdem sah ich alle Gegenstände stets in einer schrecklichen Irrealität, jedes Ding wie ausgeschnitten unter einem blendenden, kalten Licht. Mehr und mehr verlor ich jeden Kontakt zu Mama, und es passierte oft, daß ich vor mir selber floh und ihren Besuch vergaß, etwas wirklich Unerhörtes für mich. Denn Mama blieb nach wie vor das einzige Wesen, an dem mir inmitten meiner Trostlosigkeit gelegen war.

Eines Tages ging ich zu meinem Apfelbaum und pflückte einen grünen Apfel. Ich wollte ihn gerade zum Munde führen, als die Bäuerin, der dieser Teil des Besitzes gehörte, zu mir kam und sagte: »So! schon lange laure ich Ihnen auf, es ist nicht das erste Mal, daß ich sehe, wie Sie Äpfel von meinem Baum pflücken. Sofort hören Sie damit auf, oder ...« Ich ließ sie nicht fortfahren, ich ließ den Apfel fallen und flüchtete in mein Zimmer, das ich zuschloß und mit Möbeln verbarrikadierte. Unmöglich, das Entsetzen zu beschreiben, das mich bei jenen Worten überfiel! Scham, Wut, Enttäuschung und vor allem ein unerträgliches Schuldgefühl tobten in meinem Herzen. Erschöpft lag ich auf dem Boden, in der dunkelsten Ecke, und weinte und schrie vor Verzweiflung. Mir schien, als sei ein grauenhaftes Unglück über mich hereingebrochen. Ich fühlte mich vollkommen verlassen, entblößt, und hatte den Eindruck, als wolle ein

Wille, eine Autorität, der man sich nicht entziehen kann,
meinen Tod. Das einzig Gute, das einzig Erlaubte, das
mir noch blieb, war mir soeben brutal entrissen worden,
und an seine Stelle hatte man eine qualvolle Schuld wegen meiner Tat gesetzt. Und ich hörte nicht auf, verzweifelt zu schreien: »Meine Äpfel, meine eigenen Äpfel,
Renée hat Hunger, meine Äpfel, hat Hunger Renée.« Eine
namenlose Empörung wuchs in mir gegen die bösartige
Bäuerin, die mich meines Rechtes auf Leben, auf Nahrung beraubte. Aber da sie es getan hatte, da sie mich
beraubt hatte, mußte sie wohl im Recht sein und ich im
Unrecht, wenn ich die Äpfel begehrte. Je mehr ich
»meine Äpfel« begehrte und beanspruchte, desto schul-
diger fühlte ich mich. Ich weinte und schrie stunden-
lang, zitterte, sobald jemand an die Tür klopfte und nach
mir rief, denn ich dachte, die Gendarmen kämen mich
abholen, um mich zu töten. In der Ecke meines Zimmers
plagten mich die spöttischen und strengen Stimmen mit
ihren Sticheleien und Drohungen. Und zu allem Unglück hob auch noch mein kleiner Affe die Arme dro-
hend in die Luft. Er wollte mich umbringen.

Schließlich gelang es der Pflegerin, in mein Zimmer
einzudringen, indem sie die von innen verschlossene
Tür mit Hilfe eines außen angebrachten Riegels öffnete.
Sie gab mir ein Beruhigungsmittel, steckte mich ins Bett,
und ich schlief ein. Am nächsten Morgen überfiel mich
sofort wieder das ganze Entsetzen des Vortags. Ich stand
auf, und sobald ich angezogen war, floh ich aus dem
Haus und rannte geradeaus vor mich hin. Ich lief mehrere Stunden lang, überquerte die Grenze und kletterte
einen Bergpfad hinauf. Es war Herbst, und dichter Ne-
bel umgab mich. Auf diesem engen Pfad fühlte ich mich

von einer wohltuenden Gleichgültigkeit umhüllt. Ich stieg und stieg und gelangte auf einen Hügel, der tausend Meter über dem Meeresspiegel lag. Dort ruhte ich mich, zerschlagen vor Müdigkeit, Hunger und Erschöpfung, einen Augenblick aus. Ich dachte an nichts, mein Kopf war leer. Ich gehorchte lediglich dem Drang, der mich vorwärts, immer weiter vorwärts trieb. Plötzlich tauchte eine Frau vor mir auf, die mich fragte, woher ich käme und wohin ich ginge und ob ich in der Herberge etwas zu mir nehmen wolle. Sie konnte kaum glauben, daß ich wirklich aus Genf kam. Auf ihr Drängen hin sagte ich ihr schließlich, daß ich kein Geld hätte und nicht in die Herberge gehen könne. Irgend etwas an mir hat sie wohl aufhorchen lassen, denn sie gab mir den Rat, nach Hause zu gehen, zurück zu Mama. Sie half mir aufstehen und begleitete mich zwei Stunden lang auf dem Rückweg. Es war Abend. Da ich schon um neun Uhr morgens aufgebrochen war, konnte ich nicht mehr. Meine Füße bluteten und schritten nur noch automatisch voran. In diesem bewußtlosen, erschöpften Zustand kam ich endlich in meinem Zimmer an. Dort fand ich Mama in großer Sorge. Sie pflegte mich, verband meine Wunden, steckte mich in ein warmes Bad und ging erst fort, als ich eingeschlafen war. Ich erzählte ihr die Geschichte mit der Bäuerin. Am nächsten Morgen fesselte mich die Erschöpfung fast den ganzen Tag ans Bett. Doch am Abend zwang mich die Pflegerin, hinunter zu Tisch zu gehen, statt mir wie gewöhnlich mein Essen aufs Zimmer zu bringen. Ich gehorchte und aß sogar ein wenig. Doch die Anstrengung, hinunterzugehen und mich den anderen Gästen zu nähern, überstieg meine Kräfte. Eine schreckliche Unruhe überkam mich: Feindseligkeit, vermischt mit einer unüberwindbaren Angst, und vor allem ein unendliches Schuldgefühl, weil ich es gewagt hatte, etwas zu essen. Die Trauer über meine Äpfel wurde so stechend, daß ich nicht mehr wußte, was tun. In diesem Augenblick begriff ich, daß ich, falls ich noch längere Zeit ohne Äpfel bliebe und man mich zu einem sozialen Verhalten nötigen würde, indem man mich zwang, mich zu Tisch zu setzen – daß ich dann nicht mehr leben könnte. In diesem Zustand der Panik, Fremdheit und Angst rannte ich gegen neun Uhr abends zu Fuß zu Mama. In meinen Ohren hohnlachten die Stimmen, drohten mir mit dem Tod. Meine Hände jagten mir seltsame Angst ein, denn sie sahen aus wie Katzenpfoten. Gleichzeitig fühlte ich mich zusehends kleiner werden, und ich mußte an mein Alter von neun Jahrhunderten denken. Ein Sturm von Entsetzen, Trostlosigkeit, Irrealität und hoffnungsloser Verlassenheit tobte in meiner Seele. Die Stimmen brüllten, schrien, daß ich mich in den Fluß stürzen solle. Doch ich wehrte mich mit allen Kräften und lief zu Mama. Endlich kam ich an. Ich warf mich in ihre Arme, weinend und stammelnd. »Man hat mich gezwungen, etwas zu essen, man hat mich gezwungen, und dann hat mich die Bäuerin ausgeschimpft, ich habe nichts mehr, ich habe keine Äpfel mehr, ich muß sterben.« Mama versuche mit liebevollen Gesten, mich zu beruhigen, aber vergeblich. »Warum«, fragte sie, »magst du die Äpfel nicht, die ich dir bringe?« »Ich kann nicht, Mama«, und während ich mich in meinem Herzen darüber ärgerte, daß auch Mama mich zwingen wollte, zu essen, fiel mein Blick auf ihre Brust, und als sie nochmals fragte: »Warum magst du die Äpfel nicht, die ich für dich kaufe«, verstand ich, wonach ich

mich so verzweifelt sehnte, und ich konnte sagen: »Weil
die Äpfel, die du kaufst – das ist Nahrung für Erwach-
sene, aber ich will richtige Äpfel, Äpfel von Mama, solche«, und ich zeigte auf Mamas Brust. Sofort stand sie
auf, holte einen herrlichen Apfel, schnitt ein Stück ab,
reichte es mir und sagte: »Jetzt wird Mama ihre kleine
Renée ernähren. Es ist nun Zeit, die gute Milch von Mamas Äpfeln zu trinken.« Sie steckte mir das Apfelstück in
den Mund, und mit geschlossenen Augen aß ich, vielmehr trank ich meine Milch, den Kopf auf ihrer Brust.
Ein namenloses Glück durchströmte mein Herz. Es war,
als hätte plötzlich, wie durch ein Wunder, all meine
Angst, all der Sturm, der mich noch vor wenigen Minuten durchschüttelt hatte, einer glückseligen Ruhe Platz
gemacht; ich dachte an nichts, ich erkannte nichts, ich
genoß einfach. Ich war überglücklich – genoß das pas-
sive Glück eines ganz kleinen Kindes, eine unschuldige
Freude, denn ich wußte nicht einmal, was mir dieses
Glück verschaffte. Als ich meine »Mahlzeit« beendet
hatte, kündigte mir Mama an, daß ich am nächsten Morgen wieder soviel bekäme und daß sie es der Pflegerin
sagen werde, aber selbst kommen würde, um mir meine
Ration Äpfel zu geben. Ich ging mit meiner Pflegerin
fort, die mich holen gekommen war, und sobald ich
mich draußen befand, konnte ich feststellen, daß sich
meine Wahrnehmung der Welt vollkommen verändert
hatte. Statt eines unendlichen, irrealen Raums, aus dem
alle Dinge sich nackt und isoliert abhoben, sah ich zum
ersten Mal die *Realität,* die wunderbare Realität. Die
Leute, denen wir begegneten, waren keine Automaten
oder Phantome mehr, die bedeutungslose Gesten voll-
führten; nein, es waren Männer und Frauen mit ihren

besonderen Eigenschaften, ihrer Persönlichkeit. Ebenso ging es mit den Dingen. Es waren nützliche Dinge, die einen Sinn hatten, die Freude bereiteten. Zum Beispiel das Auto, das mich in die Pension zurückbrachte, die Kissen, an die ich mich lehnte. Ich verschlang alles mit den Blicken, was mir unter die Augen kam, voller Staunen, wie vor einem Wunder. »Das ist sie, das ist sie«, wiederholte ich, und meinte damit: »Das ist sie, die Realität.« Als ich in der Pension ankam und mein Zimmer betrat, entdeckte ich ein anderes Zimmer: es war lebendig, sympathisch, real, warm. Ich traute mich zum ersten Mal, zum großen Erstaunen meiner Pflegerin, die Stühle, die Möbel zu verrücken, sie an einen anderen Platz zu stellen. Welch neue Freude, auf die Dinge einzuwirken, mich ihrer zu bedienen, wie es mir gefiel, und vor allem Lust und Vergnügen an der Veränderung zu haben. Bisher konnte ich keinerlei Veränderung ertragen, war sie auch noch so gering. Alles mußte ordentlich sein, regelmäßig, symmetrisch. In dieser Nacht schlief ich sehr gut. Und ein neuer Tag brach an. Ich fühlte großes Glück, freilich noch ein ungeschicktes Glück, denn ich war zerbrechlich wie ein Küken, das gerade aus dem Ei geschlüpft ist. Die Schwester gab mir ein Viertel des Apfels, den Mama vorbereitet hatte, und ich »trank« ihn, indem ich meine Wange an einen dicken Apfel schmiegte, den Mama mir gegeben, nachdem sie ihn zuvor an ihre Brust gedrückt hatte. Und daher war dieser Apfel für mich so heilig wie tags zuvor Mamas Brust. Später kam sie selbst, und ich aß, vielmehr »trank« meine Apfel-Milch, an ihre Brust geschmiegt, in einem unsäglichen Glück. An jenem zweiten Tag merkte ich, daß die Stimmen verschwunden waren, und vor allem, daß ich keine Gefahr mehr lief, mich in eine Katze zu verwandeln. Ich freute mich über alles, was ich sah, was ich berührte. Zum ersten Mal hatte ich Kontakt zur Realität. Auch Mama veränderte sich in meinen Augen. Zuvor war sie mir wie ein Bild, eine Statue vorgekommen, die man zwar gerne sieht, die aber künstlich und irreal bleibt, während sie nun lebendig wurde, warm beseelt, und ich liebte sie sehr. Ich hatte den sehnlichen Wunsch, bei ihr zu bleiben, an sie geschmiegt, diesen wunderbaren Kontakt zu bewahren. Doch es war nur ein »oraler« Kontakt, d. h. nur als »Nahrungs-Mama« konnte ich tieferen Kontakt zu ihr bekommen, alles andere außer meinen Äpfeln war mir gleichgültig und feindlich.

In den folgenden Tagen wurde ich ein paar Mal aufgeschreckt, als Mama versuchte, mich wie alle anderen essen zu lassen: das brachte mich aus dem Gleichgewicht. Es war, als würde mein Universum sich umkehren, schwanken, und eine unbeschreibliche Angst überfiel mich. Gott sei Dank begriff Mama, daß sie mit mir sehr langsam vorgehen mußte. Nach den rohen Äpfeln (der Milch aus der Brust) konnte ich bald einen »gekochten« Apfel essen, dem das Viertel eines rohen Apfels voranging, schließlich einen Apfel im »Schlafrock«. Und allmählich konnte ich auch wirkliche Milch und Brei zu mir nehmen, etwas Unerhörtes für mich, denn bisher verabscheute ich Milch. Doch nun erschien es mir ganz natürlich, Milch zu trinken. Auf dem Kamin lagen immer zwei schöne Äpfel, die die mütterlichen Brüste darstellten, die Mama mir gegeben hatte, um mich zu schützen. Bei dem geringsten Anflug von Angst stürzte ich zu ihnen, und ich beruhigte mich sofort. Ich fühlte mich so neu, so glücklich, daß ich sogar ein paar kleine Bastarbeiten ausführte, vor allem, weil sie für Mama bestimmt waren.

ZUR KULTURGESCHICHTLICHEN
SYMBOLIK DES APFELS

Apfel, in der christl. Ikonographie anstatt der Feige Zeichen des Sündenfalls, die Frucht vom Baum der Erkenntnis im Paradies, deren Pflücken Unheil über Adam und Eva bringt. Diese und der Sündenfall werden mit A. als Attribut gekennzeichnet, sei es im Moment des Greifens, Pflückens, Hineinbeißens, Reichens oder als demonstrativ gezeigtes Symbol, ebenso die Schlange, die zum Sündenfall verführte, schon seit frühchristl. Zeit (Bronzelampen u. a.). Auf Sünde spielt der A. auch in der Hand des Verführers der Törichten Jungfrauen an (Fürst der Welt). Verbunden mit der Erlösungstat Christi und Anspielung auf diese wird der A. bei der Madonna und in der Hand des Jesusknaben Zeichen der Überwindung der Sünde (Maria als andere Eva). Aus dieser und aus röm. herrscherl. Tradition ist die Vorstellung vom A. als Herrschaftssymbol hervorgegangen (Reichsapfel). Mitunter wurde, so bei spätgot. Madonnen, der A. als Kugel mit Kreuz dargestellt. Aus der Verbindung des A.s mit der Erlösungsvorstellung konnte er in Grabmalkunst und moralisierende Vergänglichkeits- und Todesdarstellungen Eingang finden.

Apfelgroschen, auch Apfelgulden, Bezeichnung für Gutegroschen (Reichsgroschen), die nach der Reichsmünzordnung von 1571 auf einer Seite den Reichsapfel mit der Zahl 24 (=$^1/_{24}$-Reichstaler) trugen.

Apfelpokal, Hauptvertreter einer seit Ende 15. Jh. entstehenden naturalist. Stilphase, an deren Herausbildung die Nürnberger Goldschmiedekunst maßgeblichen Anteil hatte. Diese Entwicklung begann, als die Buckelungen der Buckelgefäße zu Früchten oder fruchtartigen Gebilden herausgetrieben wurden. Sie gipfelt in den Gefäßen, deren glatte, allseitig gerundete Fruchtform im Gegensatz zum lebhaft bewegten Astschaft, der den abstrakt-tekton. Röhrenschaft ablöst, steht. Es haben sich mehrere Entwurfszeichnungen von dürerschen A.en und bildl. Darstellungen erhalten: 1504, Anbetung der Drei Könige, Florenz; 1507, Entwurfszeichnung mit 6 Pokalen aus dem Dresdener Skizzenbuch; 1526, Deckfarbenmalerei, A. nach A. Dürer, Aschaffenburg, Schloß. Von den ausgeführten Exemplaren ist nur eins überkommen: A., Nürnberg, German. Nat. Mus. Er unterscheidet sich von den bildl. überlieferten nur dadurch, daß ihm der symbol. Bezug zum Sündenfall durch das Fehlen der sonst übl. Schlange genommen ist.

Lexikon der Kunst

BRÜDER GRIMM

SNEEWITTCHEN

Es war einmal mitten im Winter, und die Schneeflocken fielen wie Federn vom Himmel herab, da saß eine Königin an einem Fenster, das einen Rahmen von schwarzem Ebenholz hatte, und nähte. Und wie sie so nähte und nach dem Schnee aufblickte, stach sie sich mit der Nadel in den Finger, und es fielen drei Tropfen Blut in den Schnee. Und weil das Rote im weißen Schnee so schön aussah, dachte sie bei sich: »Hätt ich ein Kind so weiß wie Schnee, so rot wie Blut und so schwarz wie das Holz an dem Rahmen.« Bald darauf bekam sie ein Töchterlein, das war so weiß wie Schnee, so rot wie Blut und so schwarzhaarig wie Ebenholz, und ward darum das Sneewittchen (Schneeweißchen) genannt. Und wie das Kind geboren war, starb die Königin.

Über ein Jahr nahm sich der König eine andere Gemahlin. Es war eine schöne Frau, aber sie war stolz und übermütig und konnte nicht leiden, daß sie an Schönheit von jemand sollte übertroffen werden. Sie hatte einen wunderbaren Spiegel, wenn sie vor den trat und sich darin beschaute, sprach sie:

»Spieglein, Spieglein an der Wand,
   wer ist die schönste im ganzen Land?«

So antwortete der Spiegel:

»Frau Königin, Ihr seid die schönste im Land.«

Da war sie zufrieden, denn sie wußte, daß der Spiegel die Wahrheit sagte.

Sneewittchen aber wuchs heran und wurde immer schöner, und als es sieben Jahr alt war, war es so schön wie der klare Tag und schöner als die Königin selbst. Als diese einmal ihren Spiegel fragte:

»Spieglein, Spieglein an der Wand,
   wer ist die schönste im ganzen Land?«,

so antwortete er:

»Frau Königin, Ihr seid die schönste hier,
   aber Sneewittchen ist tausendmal schöner als Ihr.«

Da erschrak die Königin und ward gelb und grün vor Neid. Von Stund an, wenn sie Sneewittchen erblickte, kehrte sich ihr das Herz im Leibe herum, so haßte sie das Mädchen. Und der Neid und Hochmut wuchsen wie ein Unkraut in ihrem Herzen immer höher, daß sie Tag und

Nacht keine Ruhe mehr hatte. Da rief sie einen Jäger und sprach: »Bring das Kind hinaus in den Wald, ich will's nicht mehr vor meinen Augen sehen. Du sollst es töten und mir Lunge und Leber zum Wahrzeichen mitbringen.« Der Jäger gehorchte und führte es hinaus, und als er den Hirschfänger gezogen hatte und Sneewittchens unschuldiges Herz durchbohren wollte, fing es an zu weinen und sprach: »Ach, lieber Jäger, laß mir mein Leben; ich will in den wilden Wald laufen und nimmermehr wieder heimkommen.« Und weil es so schön war, hatte der Jäger Mitleiden und sprach: »So lauf hin, du armes Kind.« »Die wilden Tiere werden dich bald gefressen haben«, dachte er, und doch war's ihm, als wär ein Stein von seinem Herzen gewälzt, weil er es nicht zu töten brauchte. Und als gerade ein junger Frischling dahergesprungen kam, stach er ihn ab, nahm Lunge und Leber heraus und brachte sie als Wahrzeichen der Königin mit. Der Koch mußte sie in Salz kochen, und das boshafte Weib aß sie auf und meinte, sie hätte Sneewittchens Lunge und Leber gegessen.

Nun war das arme Kind in dem großen Wald mutterselig allein, und ward ihm so angst, daß es alle Blätter an den Bäumen ansah und nicht wußte, wie es sich helfen sollte. Da fing es an zu laufen und lief über die spitzen Steine und durch die Dornen, und die wilden Tiere sprangen an ihm vorbei, aber sie taten ihm nichts. Es lief, solange nur die Füße noch fort konnten, bis es bald Abend werden wollte, da sah es ein kleines Häuschen und ging hinein, sich zu ruhen. In dem Häuschen war alles klein, aber so zierlich und reinlich, daß es nicht zu sagen ist. Da stand ein weiß gedecktes Tischlein mit sieben kleinen Tellern, jedes Tellerlein mit seinem Löffelein, ferner sieben Messerlein und Gäblein und sieben Becherlein. An der Wand waren sieben Bettlein nebeneinander aufgestellt und schneeweiße Laken darübergedeckt. Sneewittchen, weil es so hungrig und durstig war, aß von jedem Tellerlein ein wenig Gemüs und Brot und trank aus jedem Becherlein einen Tropfen Wein; denn es wollte nicht einem allein alles wegnehmen. Hernach, weil es so müde war, legte es sich in ein Bettchen, aber keins paßte; das eine war zu lang, das andere zu kurz, bis endlich das siebente recht war: und darin blieb es liegen, befahl sich Gott und schlief ein.

Als es ganz dunkel geworden war, kamen die Herren von dem Häuslein, das waren die sieben Zwerge, die in den Bergen nach Erz hackten und gruben. Sie zündeten ihre sieben Lichtlein an, und wie es nun hell im Häuslein ward, sahen sie, daß jemand darin gewesen war, denn es stand nicht alles so in der Ordnung, wie sie es verlassen hatten. Der erste sprach: »Wer hat auf meinem Stühlchen gesessen?« Der zweite: »Wer hat von meinem Tellerchen gegessen?« Der dritte: »Wer hat von meinem Brötchen genommen?« Der vierte: »Wer hat von meinem Gemüschen gegessen?« Der fünfte: »Wer hat mit meinem Gäbelchen gestochen?« Der sechste: »Wer hat mit meinem Messerchen geschnitten?« Der siebente: »Wer hat aus meinem Becherlein getrunken?« Dann sah sich der erste um und sah, daß auf seinem Bett eine kleine Dälle war, da sprach er: »Wer hat in mein Bettchen getreten?« Die andern kamen gelaufen und riefen: »In meinem hat auch jemand gelegen.« Der siebente aber, als er in sein Bett sah, erblickte Sneewittchen, das lag darin und schlief. Nun rief er die andern, die kamen herbeigelaufen und schrien vor Verwunderung, holten

ihre sieben Lichtlein und beleuchteten Sneewittchen.
»Ei, du mein Gott! Ei, du mein Gott!« riefen sie. »Was ist
das Kind so schön!« Und hatten so große Freude, daß
sie es nicht aufweckten, sondern im Bettlein fortschla-
fen ließen. Der siebente Zwerg aber schlief bei seinen
Gesellen, bei jedem eine Stunde, da war die Nacht
herum.

Als es Morgen war, erwachte Sneewittchen, und wie
es die sieben Zwerge sah, erschrak es. Sie waren aber
freundlich und fragten: »Wie heißt du?« »Ich heiße Sneewittchen«, antwortete es. »Wie bist du in unser Haus gekommen?« sprachen weiter die Zwerge. Da erzählte es
ihnen, daß seine Stiefmutter es hätte wollen umbringen
lassen, der Jäger hätte ihm aber das Leben geschenkt,
und da wär es gelaufen den ganzen Tag, bis es endlich
ihr Häuslein gefunden hätte. Die Zwerge sprachen:
»Willst du unsern Haushalt versehen, kochen, betten,
waschen, nähen und stricken, und willst du alles ordentlich und reinlich halten, so kannst du bei uns bleiben, und es soll dir an nichts fehlen.« »Ja«, sagte Sneewittchen, »von Herzen gern«, und blieb bei ihnen. Es
hielt ihnen das Haus in Ordnung; morgens gingen sie in
die Berge und suchten Erz und Gold, abends kamen sie
wieder, und da mußte ihr Essen bereit sein. Den Tag
über war das Mädchen allein, da warnten es die guten
Zwerglein und sprachen: »Hüte dich vor deiner Stiefmutter, die wird bald wissen, daß du hier bist; laß ja niemand herein.«

Die Königin aber, nachdem sie Sneewittchens Lunge
und Leber glaubte gegessen zu haben, dachte nicht anders, als sie wäre wieder die erste und allerschönste, trat
vor ihren Spiegel und sprach:

> »Spieglein, Spieglein an der Wand,
> wer ist die schönste im ganzen Land?«

Da antwortete der Spiegel:

> »Frau Königin, Ihr seid die schönste hier,
> aber Sneewittchen über den Bergen
> bei den sieben Zwergen
> ist noch tausendmal schöner als Ihr.«

Da erschrak sie, denn sie wußte, daß der Spiegel keine Unwahrheit sprach, und merkte, daß der Jäger sie betrogen hatte und Sneewittchen noch am Leben war. Und da sann und sann sie aufs neue, wie sie es umbringen wollte; denn solange sie nicht die schönste war im ganzen Land, ließ ihr der Neid keine Ruhe. Und als sie sich endlich etwas ausgedacht hatte, färbte sie sich das Gesicht und kleidete sich wie eine alte Krämerin, und war ganz unkenntlich. In dieser Gestalt ging sie über die sieben Berge zu den sieben Zwergen, klopfte an die Türe und rief: »Schöne Ware feil! feil!« Sneewittchen guckte zum Fenster heraus und rief: »Guten Tag, liebe Frau, was habt Ihr zu verkaufen?« »Gute Ware, schöne Ware«, antwortete sie, »Schnürriemen von allen Farben«, und holte einen hervor, der aus bunter Seide geflochten war. »Die ehrliche Frau kann ich hereinlassen«, dachte Sneewittchen, riegelte die Türe auf und kaufte sich den hübschen Schnürriemen. »Kind«, sprach die Alte, »wie du aussiehst! Komm, ich will dich einmal ordentlich schnüren.« Sneewittchen hatte kein Arg, stellte sich vor sie und ließ sich mit dem neuen Schnürriemen schnüren; aber die Alte schnürte geschwind und schnürte so fest, daß dem Sneewittchen der Atem verging und es für tot hinfiel. »Nun bist du die schönste gewesen«, sprach sie und eilte hinaus.

Nicht lange darauf, zur Abendzeit, kamen die sieben Zwerge nach Haus, aber wie erschraken sie, als sie ihr liebes Sneewittchen auf der Erde liegen sahen; und es regte und bewegte sich nicht, als wäre es tot. Sie hoben es in die Höhe, und weil sie sahen, daß es zu fest geschnürt war, schnitten sie den Schnürriemen entzwei: da fing es an, ein wenig zu atmen, und ward nach und nach wieder lebendig. Als die Zwerge hörten, was geschehen war, sprachen sie: »Die alte Krämerfrau war niemand als die gottlose Königin: hüte dich und laß keinen Menschen herein, wenn wir nicht bei dir sind.«

Das böse Weib aber, als es nach Haus gekommen war, ging vor den Spiegel und fragte:

»Spieglein, Spieglein an der Wand,
wer ist die schönste im ganzen Land?«

Da antwortete er wie sonst:

»Frau Königin, Ihr seid die schönste hier,
aber Sneewittchen über den Bergen
bei den sieben Zwergen
ist noch tausendmal schöner als Ihr.«

Als sie das hörte, lief ihr alles Blut zum Herzen, so erschrak sie, denn sie sah wohl, daß Sneewittchen wieder lebendig geworden war. »Nun aber«, sprach sie, »will ich etwas aussinnen, das dich zugrunde richten soll«, und mit Hexenkünsten, die sie verstand, machte sie einen giftigen Kamm. Dann verkleidete sie sich und nahm die Gestalt eines andern alten Weibes an. So ging sie hin über die sieben Berge zu den sieben Zwergen, klopfte an die Türe und rief: »Gute Ware feil! feil!« Sneewittchen schaute heraus und sprach: »Geht nur weiter, ich darf niemand hereinlassen.« »Das Ansehen wird dir doch erlaubt sein«, sprach die Alte, zog den giftigen Kamm heraus und hielt ihn in die Höhe. Da gefiel er dem Kinde so gut, daß es sich betören ließ und die Türe öffnete. Als sie des Kaufs einig waren, sprach die Alte: »Nun will ich dich einmal ordentlich kämmen.« Das arme Sneewittchen dachte an nichts und ließ die Alte gewähren, aber kaum hatte sie den Kamm in die Haare gesteckt, als das Gift darin wirkte und das Mädchen ohne Besinnung niederfiel. »Du Ausbund von Schönheit«, sprach das boshafte Weib, »jetzt ist's um dich geschehen«, und ging fort. Zum Glück aber war es bald Abend, wo die sieben Zwerglein nach Haus kamen. Als sie Sneewittchen wie tot auf der Erde liegen sahen, hatten sie gleich die Stiefmutter in Verdacht, suchten nach und fanden den giftigen Kamm, und kaum hatten sie ihn herausgezogen, so kam Sneewittchen wieder zu sich und erzählte, was vorgegangen war. Da warnten sie es noch einmal, auf seiner Hut zu sein und niemand die Türe zu öffnen.

Die Königin stellte sich daheim vor den Spiegel und sprach:

»Spieglein, Spieglein an der Wand,
wer ist die schönste im ganzen Land?«

Da antwortete er wie vorher:

»Frau Königin, Ihr seid die schönste hier,
aber Sneewittchen über den Bergen
bei den sieben Zwergen
ist doch noch tausendmal schöner als Ihr.«

Als sie den Spiegel so reden hörte, zitterte und bebte sie vor Zorn. »Sneewittchen soll sterben«, rief sie, »und wenn es mein eignes Leben kostet.« Darauf ging sie in eine ganz verborgene einsame Kammer, wo niemand hinkam, und machte da einen giftigen, giftigen Apfel. Äußerlich sah er schön aus, weiß mit roten Backen, daß jeder, der ihn erblickte, Lust danach bekam, aber wer ein Stückchen davon aß, der mußte sterben. Als der Apfel fertig war, färbte sie sich das Gesicht und verkleidete sich in eine Bauersfrau, und so ging sie über die sieben Berge zu den sieben Zwergen. Sie klopfte an, Sneewittchen streckte den Kopf zum Fenster heraus und sprach: »Ich darf keinen Menschen einlassen, die sieben Zwerge haben mir's verboten.« »Mir auch recht«, antwortete die Bäurin, »meine Äpfel will ich schon loswerden. Da, einen will ich dir schenken.« »Nein«, sprach Sneewittchen, »ich darf nichts annehmen.« »Fürchtest du dich vor Gift?« sprach die Alte. »Siehst du, da schneide ich den Apfel in zwei Teile; den roten Backen iß du, den weißen will ich essen.« Der Apfel war aber so künstlich gemacht, daß der rote Backen allein vergiftet war. Sneewittchen lusterte den schönen Apfel an, und als es sah, daß die Bäurin davon aß, so konnte es nicht länger widerstehen, streckte die Hand hinaus und nahm die giftige Hälfte. Kaum aber hatte es einen Bissen davon im Mund, so fiel es tot zur Erde nieder. Da betrachtete es die Königin mit grausigen Blicken und lachte überlaut und sprach: »Weiß wie Schnee, rot wie Blut, schwarz wie Ebenholz! Diesmal können dich die Zwerge nicht wieder erwecken.« Und als sie daheim den Spiegel befragte:

»Spieglein, Spieglein an der Wand,
    wer ist die schönste im ganzen Land?«,
so antwortete er endlich:
    »Frau Königin, Ihr seid die schönste im Land.«

Da hatte ihr neidisches Herz Ruhe, so gut ein neidisches Herz Ruhe haben kann.

Die Zwerglein, wie sie abends nach Hause kamen, fanden Sneewittchen auf der Erde liegen, und es ging kein Atem mehr aus seinem Mund, und es war tot. Sie hoben es auf, suchten, ob sie was Giftiges fänden, schnürten es auf, kämmten ihm die Haare, wuschen es mit Wasser und Wein, aber es half alles nichts; das liebe Kind war tot und blieb tot. Sie legten es auf eine Bahre und setzten sich alle siebene daran und beweinten es, und weinten drei Tage lang. Da wollten sie es begraben, aber es sah noch so frisch aus wie ein lebender Mensch und hatte noch seine schönen roten Backen. Sie sprachen: »Das können wir nicht in die schwarze Erde versenken«, und ließen einen durchsichtigen Sarg von Glas machen, daß man es von allen Seiten sehen konnte, legten es hinein und schrieben mit goldenen Buchstaben seinen Namen darauf, und daß es eine Königstochter wäre. Dann setzten sie den Sarg hinaus auf den Berg, und einer von ihnen blieb immer dabei und bewachte ihn. Und die Tiere kamen auch und beweinten Sneewittchen, erst eine Eule, dann ein Rabe, zuletzt ein Täubchen.

Nun lag Sneewittchen lange, lange Zeit in dem Sarg und verweste nicht, sondern sah aus, als wenn es schliefe, denn es war noch so weiß als Schnee, so rot als Blut und so schwarzhaarig wie Ebenholz. Es geschah aber, daß ein Königssohn in den Wald geriet und zu dem Zwergenhaus kam, da zu übernachten. Er sah auf dem Berg den Sarg, und das schöne Sneewittchen darin, und las, was mit goldenen Buchstaben darauf geschrieben war. Da sprach er zu den Zwergen: »Laßt mir den Sarg, ich will euch geben, was ihr dafür haben wollt.« Aber die Zwerge antworteten: »Wir geben ihn nicht um alles Gold in der Welt.« Da sprach er: »So schenkt mir ihn, denn ich kann nicht leben, ohne Sneewittchen zu sehen, ich will es ehren und hochachten wie mein Liebstes.« Wie er so sprach, empfanden die guten Zwerglein Mitleiden mit ihm und gaben ihm den Sarg. Der Königssohn ließ ihn nun von seinen Dienern auf den Schultern forttragen. Da geschah es, daß sie über einen Strauch stolperten, und von dem Schüttern fuhr der giftige Apfelgrütz, den Sneewittchen abgebissen hatte, aus dem Hals. Und nicht lange, so öffnete es die Augen, hob den Deckel vom Sarg in die Höhe und richtete sich auf, und war wieder lebendig. »Ach Gott, wo bin ich?« rief es. Der Königssohn sagte voll Freude: »Du bist bei mir«, und erzählte, was sich zugetragen hatte, und sprach: »Ich habe dich lieber als alles auf der Welt; komm mit mir in meines Vaters Schloß, du sollst meine Gemahlin werden.« Da war ihm Sneewittchen gut und ging mit ihm, und ihre Hochzeit ward mit großer Pracht und Herrlichkeit angeordnet.

Zu dem Fest wurde aber auch Sneewittchens gottlose Stiefmutter eingeladen. Wie sie sich nun mit schönen Kleidern angetan hatte, trat sie vor den Spiegel und sprach:

»Spieglein, Spieglein an der Wand,
    wer ist die schönste im ganzen Land?«
Der Spiegel antwortete:
»Frau Königin, Ihr seid die schönste hier,
    aber die junge Königin ist tausendmal
                        schöner als Ihr.«
Da stieß das böse Weib einen Fluch aus, und ward ihr so angst, so angst, daß sie sich nicht zu lassen wußte. Sie wollte zuerst gar nicht auf die Hochzeit kommen; doch ließ es ihr keine Ruhe, sie mußte fort und die junge Königin sehen. Und wie sie hineintrat, erkannte sie Sneewittchen, und vor Angst und Schrecken stand sie da und konnte sich nicht regen. Aber es waren schon eiserne Pantoffeln über Kohlenfeuer gestellt und wurden mit

Zangen hereingetragen und vor sie hingestellt. Da mußte sie in die rotglühenden Schuhe treten und so lange tanzen, bis sie tot zur Erde fiel.

BRUNO BETTELHEIM

SCHNEEWITTCHEN UND DER APFEL

In vielen Mythen und Märchen symbolisiert der Apfel Liebe und Sexualität in ihren wohltätigen wie in ihren gefährlichen Aspekten. Ein Apfel, den Aphrodite, die Göttin der Liebe, bekam und der bewies, daß Paris sie den keuschen Göttinnen vorzog, führte zum Trojanischen Krieg. In der Bibel war es der Apfel, durch den der Mensch dazu verführt wurde, seine Unschuld aufzugeben, um dafür Wissen und Sexualität zu erlangen. Während Eva von der in der Schlange verkörperten Maskulinität des Mannes verführt wurde, konnte nicht einmal die Schlange das Ziel allein erreichen – auch der Apfel mußte noch dazu helfen, der in der religiösen Ikonographie auch die Mutterbrust symbolisiert. An der Brust der Mutter wurden wir alle zuerst veranlaßt, eine Beziehung einzugehen und darin Befriedigung zu finden. In »Schneewittchen« teilen sich Mutter und Tochter den Apfel. Was der Apfel hier symbolisiert, ist etwas, das Mutter und Tochter miteinander gemeinsam haben und was noch tiefer geht als ihre Eifersucht aufeinander – ihre reifen sexuellen Begierden.

Um Schneewittchens Mißtrauen gegen sich zu überwinden, schneidet die Königin den Apfel auseinander und ißt die weiße Hälfte selbst, während Schneewittchen die rote »giftige« Hälfte nimmt. Wir haben bereits wiederholt von Schneewittchens Doppelnatur erfahren: es ist weiß wie Schnee und rot wie Blut – das heißt, sein Wesen hat sowohl seine asexuellen wie seine erotischen Aspekte. Damit, daß es den roten (erotischen) Teil des Apfels verzehrt, ist es mit seiner »Unschuld« vorbei. Die Zwerge, die Gefährten seiner Latenz-Existenz, können es nicht mehr zum Leben erwecken; Schneewittchen hat seine Wahl getroffen, die ebenso notwendig wie verhängnisvoll ist. Die Röte des Apfels weckt sexuelle Assoziationen genau wie die drei Blutstropfen, die zu Schneewittchens Geburt führten, wie die Menstruation, das Ereignis, das den Beginn der sexuellen Reife kennzeichnet.

Als Schneewittchen den roten Teil des Apfels ißt, stirbt das Kind in ihm und wird in den durchsichtigen gläsernen Sarg gelegt. Darin ruht es nun eine lange Zeit und wird nur von den Zwergen, aber auch von drei Vögeln besucht: zuerst von einer Eule, dann von einem Raben und zuletzt von einem Täubchen. Die Eule symbolisiert Weisheit, der Rabe – wie die Raben des germanischen Gottes Odin – vermutlich das reife Bewußtsein; und das Täubchen repräsentiert traditionsgemäß die Liebe. Diese Vögel deuten an, daß Schneewittchens todesähnlicher Schlaf im Sarg eine Periode ist, in der ein neuer Zustand ausgetragen wird, ihre letzte Vorbereitungsperiode zur Reife.*

---

* Auf diese Periode der Untätigkeit dürfte auch Schneewittchens Name zurückzuführen sein, der nur auf eine der drei Farben hinweist, welche seine Schönheit ausmachen. Weiß symbolisiert häufig Reinheit, Unschuld, das Spirituelle. Aber durch den Hinweis auf den Schnee ist es gleichzeitig ein Symbol für unbewegliche Ruhe. Wenn

Schneewittchens Geschichte lehrt uns, daß man auch dann, wenn man die körperliche Reife erreicht hat, intellektuéll und emotional noch keineswegs für das Leben eines Erwachsenen bereit ist, wie es die Ehe repräsentiert. Noch immer ist ein beträchtliches Wachstum und noch viel Zeit erforderlich, bevor eine neue, reifere Persönlichkeit geformt ist und die alten Konflikte integriert sind. Erst dann ist man für den Partner des anderen Geschlechts und für die intime Beziehung zu ihm bereit, die notwendig ist, um ein reifer Erwachsener zu werden. Schneewittchens Partner ist der Königssohn, der den Sarg »von seinen Dienern auf den Schultern forttragen« läßt, wobei diese stolpern und Schneewittchen den giftigen Apfel heraushustet oder -spuckt und wieder lebendig und bereit zur Hochzeit wird. Seine Tragödie begann mit oralen Einverleibungsbegierden: mit dem Verlangen der Königin, Schneewittchens innere Organe zu verzehren. Daß Schneewittchen jetzt den erstickenden Apfel ausspuckt – den schlechten Gegenstand, den es sich einverleibt hatte – beweist, daß es jetzt endgültig frei ist von der primitiven Oralität, die für seine gesamten unreifen Fixierungen steht.

Wie Schneewittchen muß jedes Kind in seiner Entwicklung die reale oder sich in seiner Phantasie abspielende Geschichte des Menschen wiederholen. Wir alle werden eines Tages aus unserem ursprünglichen

---

der Schnee die Erde bedeckt, scheint alles Leben aufzuhören, so wie Schneewittchens Leben scheinbar aufgehört hat, während es im Sarg lag. Danach hat es den roten Apfel zu früh gegessen, es hat sich selbst überfordert. Die Geschichte lehrt, daß verfrühte sexuelle Erlebnisse zu nichts Gutem führen können. Folgt jedoch eine lange Periode der Ruhe, so kann sich das junge Mädchen völlig von seinen verfrühten und daher destruktiven Erfahrungen mit der Sexualität erholen.

Kindheitsparadies vertrieben, wo alle unsere Wünsche scheinbar erfüllt wurden, ohne daß wir uns selbst darum bemühen mußten. Die Erfahrung, was gut und böse ist – die Erlangung von Wissen – scheint unsere Persönlichkeit in zwei Teile zu spalten: in das rote Chaos ungezügelter Emotionen, das Es, und die weiße Reinheit unseres Gewissens, das Über-Ich. Während wir erwachsen werden, schwanken wir zwischen dem Überwältigtwerden von unseren Emotionen und der Strenge unseres Gewissens (der festen Einschnürung und der im Sarg erzwungenen Unbeweglichkeit). Erwachsen kann man nur werden, wenn diese inneren Widersprüche sich auflösen und es zum Erwachen des reifen Ichs kommt, in welchem Rot und Weiß harmonisch nebeneinander existieren.

Aber bevor das »glückliche« Leben beginnen kann, müssen die bösen und destruktiven Aspekte unserer Persönlichkeit unter Kontrolle gebracht werden. Die Hexe wird in »Hänsel und Gretel« zur Strafe für ihre kannibalistischen Begierden im Ofen verbrannt. In »Schneewittchen« wird die eitle, eifersüchtige und destruktive Königin gezwungen, rotglühende Schuhe anzuziehen, in denen sie sich zu Tode tanzen muß. Ungezügelte sexuelle Eifersucht, die andere zu vernichten sucht, zerstört sich selbst – wie es nicht nur durch die rotglühenden Schuhe, sondern auch durch den Tod symbolisiert wird, dem man verfällt, wenn man darin tanzt. Symbolisch zeigt uns die Geschichte, daß wir die ungezügelte Leidenschaft unter Kontrolle bringen müssen, wenn sie uns nicht zugrunde richten soll. Nur der Tod der eifersüchtigen Königin (die Beseitigung aller äußeren und inneren Verwirrungen) kann eine glückliche Welt herbeiführen.

Viele Märchenhelden fallen an einem entscheidenden Punkt ihrer Entwicklung in tiefen Schlaf oder werden wiedergeboren. Jedes Wiedererwachen oder jede Wiedergeburt symbolisiert die Erreichung einer höheren Stufe der Reife und des Verständnisses. Es ist dies die Art, wie das Märchen den Wunsch nach einer höheren Bedeutung im Leben in uns weckt: nach einem tieferen Bewußtsein, nach besserer Selbsterkenntnis und größerer Reife. Die lange Periode der Untätigkeit vor dem Neuerwachen gibt dem Hörer zu verstehen – ohne daß dies bewußt ausgesprochen würde –, daß diese Wiedergeburt eine Zeit der Ruhe und Konzentration bei beiden Geschlechtern erfordert.

Eine Veränderung bedeutet, daß man etwas aufgeben muß, was einem bisher lieb war, so wie Schneewittchen sein ungestörtes Leben, bevor die Königin eifersüchtig wurde, oder sein behagliches Leben bei den Zwergen – schwierige und schmerzhafte, aber unvermeidliche Wachstumserfahrungen. Diese Geschichten überzeugen aber den Hörer auch, daß er keine Angst davor zu haben braucht, seine kindliche Abhängigkeit von anderen aufzugeben, denn nach den gefährlichen Prüfungen der Übergangszeit gelangt er zu einer höheren und besseren Ebene, um ein reicheres und glücklicheres Leben zu beginnen. Wer zögert, diese Wandlung zu wagen, wie zum Beispiel die beiden älteren Brüder in »Die drei Federn«, wird nie das Königreich gewinnen. Wer im vorödipalen Entwicklungsstadium stecken bleibt – so wie die Zwerge – wird nie das Glück der Liebe und Ehe kennenlernen. Und Eltern, die – wie die Königin – ihre elterliche ödipale Eifersucht ausspielen, richten ihr Kind fast zugrunde und zerstören mit Sicherheit sich selbst.

IV. APFELERNTE

HELMUT CARL

APFEL-NAMEN

Erdapfel *Solanum tuberosum;* Gall-, Gallwespen auf *Quercus;* Granat- *Punica granatum;* Kien- *Pinus silvestris,* Zapfen; Liebes- *Solanum lycopersicum;* Rosen-, Schlaf-, *Rhodites rosae* auf *Rosa;* Stech- *Datura stramonium.*

Neben der wohlschmeckenden, meist kugelähnlichen Frucht des Edelapfels gibt es noch mancherlei andere Äpfel. Denn die Eigenschaft rund (besser rundlich) reicht schon aus, um den Namen »Apfel« zu sichern. Was wird aber alles darunter verstanden!

Unser Edelapfel gehört bekanntlich zu den Verwandten der Rose. Aber nur noch ein einziges weiteres Rosengewächs, die Gattung Rosa selbst, liefert – »Äpfel«, dafür aber auch gleich zwei verschiedene. Manche verstehen unter Rosenäpfeln die kugelig aufgeblähten scharlachroten Früchte gewisser Zierrosen (es gibt sogar eine *Rosa pomifera*!). Aber man sollte doch viel besser Hagebutten sagen, wie bei den flaschenförmigen Gebilden der wilden Vettern auch. – Die grünen Bällchen an den Zweigen des Rosenstrauchs aber, die oft wie mit Moos bewachsen aussehen und sogar von Stielen und Ästchen durchwachsen sind – ebenfalls Rosenäpfel genannt – sind Pflanzengallen. Sie beherbergen die weißen Maden eines geflügelten Insekts, der Rosengallwespe. Daß man diese »Äpfel« auch Schlafäpfel nennt, verdanken sie ihrer angedichteten Fähigkeit, die Schlaflosigkeit zu vertreiben, wenn sie unter dem Kopfkissen liegen. (Die moosähnlichen Auswüchse dagegen der Moosrose [*Rosa muscosa*], die am Kelch auftreten, entstehen unabhängig von dem Reiz des Gallwespeneis).

Die Nachtschattengewächse stellen den Löwenanteil der »Äpfel« und liefern oberirdische und unterirdische, beliebte und gefürchtete! Noch wichtiger als Stech- und Liebesapfel – das eine die geschätzte Droge, das andere die begehrte saftige Frucht – sind die knollig verdickten Enden der unterirdischen Seitensprosse der Kartoffel, die »Äpfel der Erde«. Die ungenießbaren Kartoffelfrüchte sind kugelrund, die Knollen aber meist um so begehrter, je mehr sie die Apfelform verlassen.

Unter den Galläpfeln, die besonders auf der Eiche häufig sind, werden verschiedene kugelige Gallenformen verstanden. Unter ihnen sind Bildungen, die äußerlich sogar das rote Bäckchen eines kleinen Apfels zeigen. Am bekanntesten ist wohl die Galle von *Cynips quercus folii,* die früher wegen ihres Gerbsäuregehaltes zur Tintenbereitung benutzt wurde.

Die Frucht des Granatbaums, der im Mittelmeergebiet zuhause ist, ähnelt ebenfalls einem Apfel; wenn sie auch einen säuerlichen Geschmack hat, ist sie ein geschätztes Erfrischungsmittel. Ihr Name Granatapfel leitet sich übrigens von dem lateinischen *»malum granatum«* (d. h. mit Kernen versehener Apfel) her, wobei man den einen Wortbestandteil übersetzt, den anderen entlehnt. Zu dem Edelstein Granat, der eine blut- und braunrote Farbe aufweist, führen sicher Beziehungen; er ist der körnige Stein.

Mit der Apfelgestalt nimmt es der Kienapfel nicht zu genau. Besser treffen die Sporenkapseln den erwarteten Zuschnitt, die ein felsenbewohnendes Laubmoos

»Äpfel« und ihr Vorbild. **a** Stechapfel *Datura stramonium;* **b** Liebesapfel *Solanum lycopersicum;* **c** Erdapfel *Solanum tuberosum;* **d** Rosenapfel *Rhodites rosae* auf *Rosa;* **e** Edelapfel *Malus;* **f** Gallapfel, Gallwespen auf *Quercus;* **g** Rosenapfel *Rosa rugosa;* **h** Granatapfel *Punica granatum;* **i** Kienapfel *Pinus silvestris*

schmücken. Die *Bartramia* hat ihrer apfelförmigen Sporenurnen wegen den Beinamen *»pomiformis«*.

Als Kuriosum mag angeführt werden, daß das verstümmelte Wort *»Chamomilla«* ins Deutsche übersetzt Erdapfel heißen müßte. Wir sagen »Kamille« dazu. Es ist durch Verschmelzung zweier griechischer Wörter entstanden ($\chi\alpha\mu\alpha\iota$ = am Boden und $\mu\tilde{\eta}\lambda o\nu$ = Apfel). Dieser »Erdapfel« hat seinen Namen von der Form und dem charakteristischen Geruch der in Erdnähe sich entfaltenden Blütenstände.

THEODOR STORM
WENN DIE ÄPFEL REIF SIND

Es war mitten in der Nacht. Hinter den Linden, die längs dem Plankenzaun des Gartens standen, kam eben der Mond herauf und leuchtete durch die Spitzen der Obstbäume und drüben auf die Hinterwand des Hauses, bis hinauf auf den schmalen Steinhof, der durch ein Staket von dem Garten getrennt war; die weißen Vorhänge hinter dem niedrigen Fensterchen waren ganz von seinem Licht beschienen. Mitunter war's, als griffe eine kleine Hand hindurch und zöge sie heimlich auseinander; einmal sogar lehnte die Gestalt eines Mädchens an die Fensterbank. Sie hatte ein weißes Tüchlein unters Kinn geknotet und hielt eine kleine Damenuhr gegen das Mondlicht, auf der sie das Rücken des Weisers aufmerksam zu betrachten schien. Draußen vom Kirchturm schlug es eben dreiviertel.

Unten zwischen den Büschen des Gartens auf den Steigen und Rasenplätzen war es dunkel und still; nur der Marder, der in den Zwetschen saß, schmatzte bei seiner Mahlzeit und kratzte mit den Klauen in die Baumrinde. Plötzlich hob er die Schnauze. Es rutschte etwas draußen an der Planke; ein dicker Kopf guckte herüber. Der Marder sprang mit einem Satz zu Boden und verschwand zwischen den Häusern; von drüben aber kletterte ein untersetzter Junge langsam in den Garten hinab.

Dem Zwetschenbaum gegenüber, unweit der Planke, stand ein nicht gar hoher Augustapfelbaum; die Äpfel waren gerade reif, die Zweige brechend voll. Der Junge mußte ihn schon kennen; denn er grinste und nickte ihm zu, während er auf den Fußspitzen an allen Seiten um ihn herumging; dann, nachdem er einige Augenblicke stillgestanden und gelauscht hatte, band er sich einen großen Sack vom Leibe und fing bedächtig an zu klettern. Bald knickte es droben zwischen den Zweigen, und die Äpfel fielen in den Sack, einer um den andern in kurzen, regelrechten Pausen.

Da zwischendrein geschah es, daß ein Apfel nebenbei zur Erde fiel und ein paar Schritte weiter ins Gebüsch rollte, wo ganz versteckt eine Bank vor einem steinernen Gartentischchen stand. An diesem Tische aber – und das hatte der Junge nicht bedacht – saß ein junger Mann mit aufgestütztem Arm und gänzlich regungslos. Als der Apfel seine Füße berührte, sprang er erschrocken auf; einen Augenblick später trat er vorsichtig auf den Steig hinaus. Da sah er droben, wohin der Mond schien, einen Zweig mit roten Äpfeln unmerklich erst und bald immer heftiger hin und her schaukeln; eine Hand fuhr in den Mondschein hinauf und verschwand gleich darauf wieder samt einem Apfel in den tiefen Schatten der Blätter.

Der unten Stehende schlich sich leise unter den Baum und gewahrte nun endlich auch den Jungen wie eine große schwarze Raupe um den Stamm herumhängen. Ob er ein Jäger war, ist seines kleinen Schnurrbartes und seines ausgeschweiften Jagdrocks unerachtet schwer zu sagen; in diesem Augenblicke aber mußte ihn so etwas wie ein Jagdfieber überkommen; denn atemlos, als habe er die halbe Nacht hier nur gewartet, um die Jungen in den Apfelbäumen zu fangen, griff er durch die Zweige und legte leise, aber fest, seine Hand um den Stiefel, welcher wehrlos an dem Stamme herunterhing. Der Stiefel zuckte, das Apfelpflücken droben hörte auf; aber kein Wort wurde gewechselt. Der Junge zog, der Jäger faßte nach; so ging es eine ganze Weile; endlich legte der Junge sich aufs Bitten.

»Lieber Herr!«

»Spitzbube!«

»Den ganzen Sommer haben sie über den Zaun geguckt!«

»Wart' nur, ich werde dir einen Denkzettel machen!« und dabei griff er in die Höhe und packte den Jungen in den Hosenspiegel. »Was das für derbes Zeug ist!« sagte er.

»Manchester, lieber Herr!«

Der Jäger zog ein Messer aus der Tasche und suchte mit der freien Hand die Klinge aufzumachen. Als der Junge das Einschnappen der Feder hörte, machte er Anstalten, hinabzuklettern. Allein der andere wehrte ihm. »Bleib nur!« sagte er, »du hängst mir eben recht!«

Der Junge schien gänzlich wie verlesen. »Herrjemine!« sagte er, »es sind des Meisters seine! – Haben Sie denn gar kein Stöckchen, lieber Herr? Sie könnten es mit mir alleine abmachen! Es ist mehr Pläsier dabei; es ist eine Motion; der Meister sagt, es ist so gut wie Spazieren-reiten!«

Allein – der Jäger schnitt. Der Junge, als er das kalte Messer so dicht an seinem Fleisch heruntergleiten fühlte, ließ den vollen Sack zur Erde fallen; der andere aber steckte den ausgeschnittenen Flecken sorgfältig in die Westentasche. »Nun kannst du allenfalls herunterkom-men!« sagte er.

Er erhielt keine Antwort. Ein Augenblick nach dem andern verging; aber der Junge kam nicht. Von seiner Höhe aus hatte er plötzlich, während ihm von unten her das Leid geschah, im Hause drüben das schmale Fenster-chen sich öffnen sehen. Ein kleiner Fuß streckte sich her-aus – der Junge sah den weißen Strumpf im Mondschein leuchten – und bald stand ein vollständiges Mädchen draußen auf dem Steinhof. Ein Weilchen hielt sie mit der Hand den offenen Fensterflügel; dann ging sie langsam an das Pförtchen des Staketenzaunes und lehnte sich mit halbem Leibe in den dunklen Garten hinaus.

Der Junge renkte sich fast den Hals aus, um das alles zu betrachten. Dabei schienen ihm allerlei Gedanken zu kommen; denn er verzog den Mund bis an die Ohren und stellte sich breitspurig auf zwei gegenüberstehende Äste, während er mit der einen Hand das geschädigte Kleidungsstück zusammenhielt.

»Nun, wird's bald?« fragte der andere.

»Es wird schon«, sagte der Junge.

»So komm herunter!«

»Es ist nur«, erwiderte der Junge und biß in einen Ap-fel, daß der Jäger es unten knirschen hörte, »es ist nur, daß ich just ein Schuster bin!«

»Was denn, wenn du kein Schuster wärst?«

»Wenn ich ein Schneider wäre, würde ich mir das Loch von selber flicken.« Und er fuhr fort, seinen Apfel zu verspeisen.

Der junge Mann suchte in seiner Tasche nach kleiner Münze, aber er fand nur einen harten Doppeltaler. Schon wollte er die Hand zurückziehen, als er von unten her ganz deutlich ein Klinken an der Gartentür vernahm. Auf dem Kirchturm drüben schlug es eben zwölf. – Er fuhr zusammen. »Dummkopf!« murmelte er und schlug sich vor die Stirn. Dann griff er wieder in die Tasche und sagte sanft: »Du bist wohl armer Leute Kind?«

»Sie wissen schon«, sagte der Junge, »'s wird alles sauer verdient.«

»So fang und laß dir flicken!« Damit warf er das Geldstück zu ihm hinauf. Der Junge griff zu, wandte es prüfend im Mondschein hin und wieder und schob es schmunzelnd in die Tasche.

Draußen auf dem langen Steige, an dem der Apfelbaum in den Rabatten stand, wurden kleine Schritte vernehmlich und das Rauschen eines Kleides auf dem Sande. Der Jäger biß sich in die Lippen; er wollte den Jungen mit Gewalt herunterreißen; der aber zog sorgsam die Beine in die Höhe, eins ums andere; es war vergebene Mühe. »Hörst du nicht?« sagte er keuchend, »du kannst nun gehen!«

»Freilich!« sagte der Junge, »wenn ich den Sack nur hätte!«

»Den Sack?«

»Er ist mir da vorher hinabgefallen.«

»Was geht das mich an?«

»Nun, lieber Herr, Sie stehen just da unten!«

Der andere bückte sich nach dem Sack, hob ihn ein Stück vom Boden und ließ ihn wieder fallen.

»Werfen Sie dreist zu!« sagte der Junge, »ich werde schon fangen.«

Der Jäger tat einen verzweifelnden Blick in den Baum hinauf, wo die dunkle, untersetzte Gestalt zwischen den Zweigen stand, sperrbeinig und bewegungslos. Als aber draußen die kleinen Schritte in kurzen Pausen immer näher kamen, trat er hastig auf den Steig hinaus.

Ehe er sich's versah, hing ein Mädchen an seinem Halse.

»Heinrich!«

»Um Gottes willen!« Er hielt ihr den Mund zu und zeigte in den Baum hinauf. Sie sah ihn mit verdutzten Augen an; aber er achtete nicht darauf, sondern schob sie mit beiden Händen ins Gebüsch.

»Junge, vermaledeiter! – Aber daß du mir nicht wieder kommst!« und er erwischte den schweren Sack am Boden und hob ihn ächzend in den Baum hinauf.

»Ja, ja«, sagte der Junge, indem er dem andern behutsam seine Bürde aus den Händen nahm, »das sind von den roten, die fallen ins Gewicht!« Hierauf zog er ein Endchen Bindfaden aus der Tasche und schnürte es eine Spanne oberhalb der Äpfel um den Sack, während er mit den Zähnen die Zipfel desselben angezogen hielt; dann lud er ihn auf seine Schulter, sorgsam und regelrecht, so daß die Last gleichmäßig auf Brust und Rücken verteilt wurde. Nachdem dieses Geschäft zu seiner Zufriedenheit beendet war, faßte er einen ihm zu Häupten ragenden Ast und schüttelte ihn mit beiden Fäusten. »Diebe in den Äpfeln!« schrie er; und nach allen Seiten hin prasselten die reifen Früchte durch die Zweige.

Unter ihm rauschte es in den Büschen, eine Mädchenstimme kreischte, die Gartenpforte klirrte, und als der Junge noch einmal den Hals ausreckte, sah er soeben das kleine Fenster wieder zuklappen und den weißen Strumpf darin verschwinden.

Einen Augenblick später saß er rittlings auf der Gartenplanke und lugte den Weg entlang, wo sein neuer Bekannter mit langen Beinen in den Mondschein hinauslief. Dabei griff er in die Tasche, befingerte seine Silbermünze und lachte so ingrimmig in sich hinein, daß ihm die Äpfel auf dem Buckel tanzten. Endlich, als schon die ganze Hausgenossenschaft mit Stöcken und Laternen im Garten umherrannte, ließ er sich lautlos an der andern Seite hinuntergleiten und schlenderte über den Weg in den Nachbarsgarten, allwo er zu Haus war.

RAINER MARIA RILKE

DER APFELGARTEN
Borgeby-Gård

Komm gleich nach dem Sonnenuntergange,
sieh das Abendgrün des Rasengrunds;
ist es nicht, als hätten wir es lange
angesammelt und erspart in uns,

um es jetzt aus Fühlen und Erinnern,
neuer Hoffnung, halbvergeßnem Freun,
noch vermischt mit Dunkel aus dem Innern,
in Gedanken vor uns hinzustreun

unter Bäume wie von Dürer, die
das Gewicht von hundert Arbeitstagen
in den überfüllten Früchten tragen,
dienend, voll Geduld, versuchend, wie

das, was alle Maße übersteigt,
noch zu heben ist und hinzugeben,
wenn man willig, durch ein langes Leben
nur das Eine will und wächst und schweigt.

ROBERT WALSER
DER HERBST

Wenn der Herbst kommt, fallen die Blätter von den Bäumen an den Boden. Ich müßte es eigentlich so sagen:
Wenn die Blätter fallen, ist es Herbst. Ich habe es nötig,
mich im Stil zu verbessern. Letztes Mal bekam ich die
Note: Stil erbärmlich. Ich gräme mich darüber, aber ich
kann es nicht ändern. Der Herbst ist mir lieb. Es wird frischer in der Luft, die Dinge auf der Erde sehen mit einem Male ganz anders aus, die Morgen sind glitzernd
und prächtig und die Nächte sind so herrlich kühl.
Gleichwohl spazieren wir, bis es sehr spät wird. Der
Berg über der Stadt zeigt schöne Farben und man wird
traurig, wenn man denkt, daß diese Farben das Zeichen
zu einer allgemeinen Farblosigkeit geben. Bald wird
Schnee fliegen. Ich liebe auch den Schnee, wenn es
auch unangenehm ist, mit kalten nassen Füßen drin
lange zu waten. Aber wozu gibt es nachher warme Filz-
schuhe und geheizte Zimmer? Mich dauern nur die ar-

men Kinder, von denen ich weiß, daß sie zu Hause keine warmen Zimmer haben. Wie schrecklich muß das Herumfrieren sein. Ich würde keine Aufgaben machen, ich würde sterben, ja, trotzig sterben, wenn ich arm wäre. Wie die Bäume jetzt aussehen! Ihre Äste stechen wie feine scharfgeschliffene Degen in die graue Luft, man sieht Raben, die man sonst nie sieht. Man hört keine Vögel mehr singen. Die Natur ist doch herrlich. Wie sie die Farben ändert, das Gewand wechselt, Masken aufsetzt und wieder abnimmt! Es ist wunderschön. Wenn ich ein Maler wäre, und es ist nicht ausgeschlossen, daß ich einer werde, da ja der Mensch seine Bestimmung nicht kennt, so würde ich am leidenschaftlichsten ein Herbstmaler. Ich fürchte nur, daß alsdann meine Farben nicht ausreichen werden. Vielleicht verstehe ich das noch zu wenig. Und warum mir überhaupt wegen etwas Sorgen machen, das noch erst kommen soll? Mich soll und muß doch nur der Augenblick innig beschäftigen. Wo habe ich diese Worte gehört? Irgendwo muß ich das gehört haben, vielleicht von meinem ältern Bruder, der ein Student ist. Es wird bald Winter werden, Schnee wird wirbeln, ach, wie ich mich darauf freue! Wenn alles so weiß ist, weiß man alles viel besser in der Stunde. Farben erfüllen zu sehr das Gedächtnis mit allerlei krausem Zeug. Farben sind nur ein zu süßer Wirrwarr. Ich liebe das Einfarbige, Eintönige. Schnee ist so ein recht eintöniger Gesang. Warum sollte eine Farbe nicht den Eindruck des Singens machen können! Weiß ist wie ein Murmeln, Flüstern, Beten. Feurige, zum Beispiel Herbstfarben, sind ein Geschrei. Das Grün im Hochsommer ist ein vielstimmiges Singen in den höchsten Tönen. Ist das wahr? Ich weiß nicht, ob das zutrifft. Nun, der Lehrer wird schon so freundlich sein und es korrigieren. – Wie alles in der Welt geht! Jetzt haben wir bald Weihnachten, bis zum Neujahr ist's ein kleiner Schritt, bis zum Frühling auch nur wenige, und so geht alles immer in Schritten vorwärts. Ein Narr wäre man, wenn man sie zählen wollte. Ich rechne nicht gern. Im Rechnen bin ich schlecht, wenn ich auch ziemlich gute Noten habe. Ich werde nie ein Kaufmann werden, ich fühle das. Wenn mich nur meine Eltern zu keinem Kaufmann geben! Ich würde davonlaufen, und was hätten sie dann? Habe ich nun aber auch genügend vom Herbst gesprochen? Ich habe viel vom Schnee gefaselt. Das wird eine schöne Note ins Zeugnis geben, dieses Quartal. Noten sind eine dumme Einrichtung. Im Singen habe ich die Note eins und ich singe doch keinen Ton. Wie kommt das? Man sollte uns lieber Äpfel geben, statt Noten. Aber da würden schließlich doch zu viel Äpfel verteilt werden müssen. Ach!

KARL SIMROCK

APFELSPRÜCHE

Der Apfel fällt nicht weit vom Stamm.

Ein fauler Apfel steckt hundert an.

Ein fauler Apfel macht zehn.

Ein Apfel, der runzelt, fault nicht bald.

Ei, beim Blitz!
    Das ist ein süßer Apfelschnitz!

Der Apfel schmeckt süß, um den man die Wache betrügt.

Detlef Pick: Der grüne Punkt

Es sind süße Äpfel, welche der Hüter übersieht.

Wer in einen sauern Apfel gebissen hat, dem schmeckt der süße desto besser.

Schöne Äpfel sind auch wohl sauer.

Der Apfel sieht rot, doch sitzt ein Wurm darin.

Ist in schönem Apfel kein Wurm, so wäre doch gern einer drin.

Der Baum trägt sich selbst keine Äpfel.

Wer sonst nichts hat, der gibt Äpfel und Birn.

Wenn Äpfel und Nüsse kommen, soll man schäkern.

Man muß sich nicht Äpfel für Zitronen verkaufen lassen.

Da schwimmen wir Äpfel, sprach der Roßdreck und schwamm unter Äpfeln den Bach hinab.

Der Baum genießt seiner Äpfel nicht.

Es fällt kein Süßapfel von einem Sauerapfelbaum.

DER APFEL, DER GUTER HOFFNUNG MACHT

Es war einmal ein Kaiser und eine Kaiserin. Sie hatten weder einen Knaben noch ein Mädchen. Sechzehn Jahre waren sie kinderlos geblieben und dachten darum, daß sie nun keine Kinder mehr bekämen, und weinten und jammerten, daß sie ohne Kinder bleiben sollten. Da sagte der Kaiser zur Kaiserin: »Schau, Kaiserin, ich gehe jetzt fort und lasse dich zurück. Wenn ich bei der Rückkehr kein Kind von dir vorfinden werde, so wisse, daß ich dich mit eigner Hand töte oder dich aus dem Hause jage und nicht mehr mit dir lebe.« Gerade ehe er ging, erhielt er von einem anderen Kaiser einen Brief, worin er sagte, daß er sich mit ihm schlagen wolle, und wenn er nicht komme, würde er ihn auf seinem Throne töten. Da sagte der Kaiser zur Kaiserin: »Sieh, ich habe einen Brief erhalten, ich soll mich schlagen. Wenn ich einen Knaben hätte, ginge er jetzt in die Schlacht, und ich könnte zu Hause bleiben.« Sie sagte: »Ja, was soll ich

denn tun, Kaiser, wenn es nicht Gottes Wille war, uns
Kinder zu geben, was sollen wir tun?« – »Ach, rede nicht
von Gott! Wie gesagt, wenn ich komme und kein Kind
von dir vorfinde, so töte ich dich.« Alsdann brach der
Kaiser auf.

Da berieten Gott und der heilige Petrus: »Was sollen
wir mit der Kaiserin tun?« Und Gott sagte zu Petrus: »Petrus, gehe mit diesem Apfel hinunter und gehe am Fenster vorbei und rufe: ›Ich habe einen Apfel, und wer ihn
ißt, der wird guter Hoffnung‹, so wird sie dich hören und
dich zu sich rufen, denn es ist Sünde, Petrus, daß der
Kaiser sie tötet, wenn er zurückkommen wird.« Petrus
nahm also den Apfel und begab sich hinunter auf die
Erde und tat, wie ihm Gott befohlen hatte. Er rief durchs
Fenster, und sie hörte es, ging hinaus und rief ihn zu sich
und frage ihn: »Wieviel Geld verlangst du für den Apfel?«
Er sagte: »Ich verlange nicht viel, gib mir einen Beutel
voll Geld.« Da holte die Kaiserin einen Beutel voll Geld
und gab ihn ihm. Dann nahm sie den Apfel und aß ihn.
Und kaum hatte sie ihn gegessen, da wurde sie guter
Hoffnung. Der heilige Petrus ließ aber den Beutel voll
Geld bei ihr zurück. Die Zeit kam heran, wo sie gebären sollte. Am Tage nach der Geburt des Knaben kam
auch sein Vater aus der Schlacht. Er hatte die Schlacht
gewonnen, und da er hörte, daß die Kaiserin ihm
einen Sohn geboren hatte, ging er vor Freude in die
Schenke und trank, bis er völlig betrunken war. Aber
als er aus der Schenke nach Hause gehen wollte, kam
er nur bis zur Tür, fiel nieder und starb. Das hörte der
Knabe und erhob sich aus den Händen seiner Mutter,
begab sich zum Schenkwirt und tötete ihn mit einer
einzigen Ohrfeige. Dann ging er wieder nach Hause,

und die Rumänen und Bojaren sahen, daß er ein Held
war, und wunderten sich über ihn. Er aber wurde verzaubert, war drei Tage krank und starb an Verzaube-
rung.

Zigeunermärchen

SHAKE THE APPLE-TREE

Shake, shake the ap - ple - tree! Ap - ples red and ro - sy,

shake, shake the ap - ple - tree! Ap - ples red and ro - sy,

One for you, one for me, shake, shake the ap - ple - tree!

V. ZANKÄPFEL

GUSTAV SCHWAB

DER APFEL DES PARIS

Das weitere Los des Königs Laomedon und seiner Tochter Hesione ist schon von uns berichtet worden. Ihm folgte sein Sohn Priamos in der Regierung. Dieser vermählte sich in zweiter Ehe mit Hekabe oder Hekuba, der Tochter des phrygischen Königs Dymas. Ihr erster Sohn war Hektor. Als aber die Geburt ihres zweiten Kindes herannahte, da schaute Hekabe in einer dunklen Nacht im Traume ein entsetzliches Gesicht. Ihr war, als gebäre sie einen Fackelbrand, der die ganze Stadt Troia in Flammen setze und zu Asche verbrenne. Erschrocken meldete sie diesen Traum ihrem Gemahl Priamos. Der ließ seinen Sohn aus erster Ehe, Aisakos mit Namen, kommen, welcher ein Wahrsager war, und von seinem mütterlichen Großvater Merops die Kunst, Träume zu deuten, erlernt hatte. Aisakos erklärte, seine Stiefmutter Hekabe werde einen Sohn gebären, der seiner Vaterstadt zum Verderben gereichen müsse. Er riet daher, das Kind, das sie erwartete, auszusetzen. Wirklich gebar die Königin einen Sohn, und die Liebe zum Vaterland überwog bei ihr das Muttergefühl. Sie gestattete ihrem Gatten Priamos, das neugeborene Kind einem Sklaven zu geben, der es auf den Berg Ida tragen und daselbst aussetzen sollte. Der Knecht hieß Agelaos. Dieser tat, wie ihm befohlen war; aber eine Bärin reichte dem Säugling die Brust, und nach fünf Tagen fand der Sklave das Kind gesund und munter im Walde liegen. Jetzt hob er es auf, nahm es mit sich, erzog es auf seinem

Orestes und Elektra am Grab des Agamemnon (griechische Schale). Am Fuß der Grabsäule ein Granatapfel, oben auf der Säule eine Schale mit Granatapfel und zwei Eiern

Äckerchen wie sein eigenes Kind und nannte den Knaben Paris.

Als der Königssohn unter den Hirten zum Jüngling herangewachsen war, zeichnete er sich durch Körperkraft und Schönheit aus, und wurde ein Schutz aller Hirten des Berges Ida gegen die Räuber, daher ihn jene auch nur Alexander, d. h. Männerhilf, nannten.

Nun geschah es eines Tages, als er mitten im abwegsamsten und schattigsten Tale, das sich durch die Schluchten des Berges Ida hinzog, zwischen Tannen und Steineichen, ferne von seinen Herden, die den Zugang zu dieser Einsamkeit nicht fanden, an einen Baum gelehnt mit verschränkten Armen hinabschaute durch den Bergriß, der eine Durchsicht auf die Paläste Troias und das ferne Meer gewährte, daß er einen Götterfußtritt vernahm, der die Erde um ihn her beben machte. Ehe er sich besinnen konnte, stand, halb von seinen Flügeln, halb von den Füßen getragen, Hermes, der Götterbote, den goldenen Heroldsstab in den Händen, vor ihm; doch war auch er nur der Verkündiger einer neuen Göttererscheinung, denn drei himmlische Frauen, Göttinnen des Olymp, kamen mit leichten Füßen über das weiche, nie gemähte und nie abgeweidete Gras einhergeschritten, daß ein heiliger Schauer den Jüngling überlief und seine Stirnhaare sich aufrichteten. Doch der geflügelte Götterbote rief ihm entgegen: »Lege alle Furcht ab; die Göttinnen kommen zu dir als zu ihrem Schiedsrichter; dich haben sie gewählt zu entscheiden, welche von ihnen dreien die schönste sei. Zeus befiehlt dir, dich diesem Richteramte zu unterziehen, er wird dir seinen Schirm und Beistand nicht versagen!« So sprach Hermes und erhob sich auf seinen Fittichen, den Augen des

Königssohnes entschwebend, über das enge Tal empor. Seine Worte hatten dem blöden Hirten Mut eingeflößt, er wagte es, den schüchtern gesenkten Blick zu erheben und die göttlichen Gestalten, die in überirdischer Größe und Schönheit seines Spruches gewärtig vor ihm standen, zu mustern. Der erste Anblick schien ihm zu sagen, daß eine wie die andere wert sei, den Preis der Schönheit davonzutragen, doch gefiel ihm jetzt die eine Göttin mehr, jetzt die anderen, so wie er länger auf einer der herrlichen Gestalten verweilt hatte. Nur schien ihm allmählich eine, die jüngste und zarteste, holder und liebenswerter als die anderen, und ihm war, als ob aus ihren Augen ein Netz von Liebesstrahlen ausgehend sich ihm um Blick und Stirne spänne. Indessen hob die stolzeste der Frauen, die an Wuchs und Hoheit über die beiden anderen hervorragte, dem Jüngling gegenüber an: »Ich bin Hera, die Schwester und Gemahlin des Zeus. Wenn du diesen goldenen Apfel, welchen Eris, die Göttin der Zwietracht, beim Hochzeitsmahle der Thetis und des Peleus unter die Gäste warf, mit der Aufschrift: ›der Schönsten‹, mir zuerkennst, so soll dir, ob du gleich nur ein aus dem Königspalast verstoßener Hirt bist, die Herrschaft über das schönste Reich der Erde nicht fehlen.« – »Ich bin Pallas, die Göttin der Weisheit«, sprach die andere mit der reinen, gewölbten Stirn, den tiefblauen Augen und dem jungfräulichen Ernst im schönen Antlitz; »wenn du mir den Sieg zuerkennst, sollst du den höchsten Ruhm der Weisheit und Männertugend unter den Menschen ernten!« Da schaute die dritte, die bisher immer nur mit den Augen gesprochen hatte, den Hirten mit einem süßen Lächeln noch durchdringender an und sagte: »Paris, du wirst dich doch nicht durch das Versprechen von Geschenken betören lassen, die beide voll Gefahr und ungewissen Erfolges sind! Ich will dir eine Gabe geben, die dir gar keine Unlust bereiten soll; ich will dir geben, was du nur zu lieben brauchst, um seiner froh zu werden, das schönste Weib der Erde will ich dir als Gemahlin in die Arme führen! Ich bin Aphrodite, die Göttin der Liebe!«

Als Aphrodite dem Hirten Paris dies Versprechen tat, stand sie vor ihm, mit ihrem Gürtel geschmückt, der ihr den höchsten Zauber der Anmut verlieh. Da erblaßte vor dem Schimmer der Hoffnung und ihrer Schönheit der Reiz der anderen Göttinnen vor seinen Augen, und mit trunkenem Mute erkannte er der Liebesgöttin das goldene Kleinod, das er aus Heras Hand empfangen hatte, zu. Hera und Athene wandten ihm zürnend den Rücken und schwuren, die Majestätsbeleidigung ihrer Gestalt an ihm, an seinem Vater Priamos, am Volke und Reiche der Troianer zu rächen, und alle miteinander zu verderben, und Hera insbesondere wurde von diesem Augenblick an die unversöhnlichste Feindin der Troianer. Aphrodite aber schied von dem entzückten Hirten mit holdseligem Gruße, nachdem sie ihm ihr Versprechen feierlich und mit dem Göttereide bekräftigt wiederholt hatte.

FRIEDRICH SCHILLER

DER APFELSCHUSS

RUDOLF DER HARRAS.
  Platz, Platz dem Landvogt!
GESSLER.   Treibt sie auseinander!
  Was läuft das Volk zusammen? Wer ruft Hilfe?

(Allgemeine Stille.)

Wer war's? Ich will es wissen.

(Zu Frießhart.)   *Du* tritt vor!

Wer bist du, und was hältst du diesen Mann?

(Er gibt den Falken einem Diener.)

FRIESSHART.

Gestrenger Herr, ich bin dein Waffenknecht
Und wohlbestellter Wächter bei dem Hut.
Diesen Mann ergriff ich über frischer Tat,
Wie er dem Hut den Ehrengruß versagte.
Verhaften wollt' ich ihn, wie du befahlst,
Und mit Gewalt will ihn das Volk entreißen.

GESSLER *(nach einer Pause).*

Verachtest du *so* deinen Kaiser, Tell,
Und *mich*, der hier an seiner Statt gebietet,
Daß du die Ehr' versagst dem Hut, den ich
Zur Prüfung des Gehorsams aufgehangen?
Dein böses Trachten hast du mir verraten.

TELL.   Verzeiht mir, lieber Herr! Aus Unbedacht,
Nicht aus Verachtung Eurer ist's geschehn.
Wär' ich besonnen, hieß' ich nicht der Tell –
Ich bitt um Gnad', es soll nicht mehr begegnen.

GESSLER *(nach einigem Stillschweigen).*

Du bist ein Meister auf der Armbrust, Tell,
Man sagt, du nehmst es auf mit jedem Schützen?

WALTER TELL.

Und das muß wahr sein, Herr – 'nen Apfel schießt
Der Vater dir vom Baum auf hundert Schritte.

GESSLER.   Ist das dein Knabe, Tell?

TELL.   Ja, lieber Herr.

GESSLER.   Hast du der Kinder mehr?

TELL.   Zwei Knaben, Herr.

GESSLER.   Und welcher ist's, den du am meisten liebst?

TELL. Herr, beide sind sie mir gleich liebe Kinder.

GESSLER.

Nun, Tell! Weil du den Apfel triffst vom Baume
Auf hundert Schritte, so wirst du deine Kunst
Vor mir bewähren müssen – Nimm die Armbrust –
Du hast sie gleich zur Hand – und mach dich fertig,
Einen Apfel von des Knaben Kopf zu schießen –
Doch will ich raten, ziele gut, daß du
Den Apfel treffest auf den ersten Schuß,
Denn fehlst du ihn, so ist dein Kopf verloren.
             (Alle geben Zeichen des Schreckens.)

TELL. Herr – Welches Ungeheuere sinnet Ihr
Mir an – Ich soll vom Haupte meines Kindes –
– Nein, nein doch, lieber Herr, das kömmt Euch nicht
Zu Sinn – Verhüt's der gnäd'ge Gott – das könnt Ihr
Im Ernst von einem Vater nicht begehren!

GESSLER. Du wirst den Apfel schießen von dem Kopf
Des Knaben – Ich begehr's und will's.

TELL.   Ich soll
Mit meiner Armbrust auf das liebe Haupt
Des eignen Kindes zielen – Eher sterb ich!

GESSLER. Du schießest oder stirbst *mit* deinem Knaben.

TELL. Ich soll der Mörder werden meines Kinds!
Herr, Ihr habt keine Kinder – wisset nicht,
Was sich bewegt in eines Vaters Herzen.

GESSLER. Ei, Tell, du bist ja plötzlich so besonnen!
Man sagte mir, daß du ein Träumer seist
Und dich entfernst von andrer Menschen Weise.
Du liebst das Seltsame – Drum hab ich jetzt
Ein eigen Wagstück für dich ausgesucht.
Ein andrer wohl bedächte sich – *Du* drückst
Die Augen zu und greifst es herzhaft an.

BERTA. Scherzt nicht, o Herr! mit diesen armen Leuten!
Ihr seht sie bleich und zitternd stehn – So wenig
Sind sie Kurzweils gewohnt aus Eurem Munde.

GESSLER. Wer sagt Euch, daß ich scherze?
(Greift nach einem Baumzweige, der über ihn herhängt.)
Hier ist der Apfel.
Man mache Raum – Er nehme seine Weite,
Wie's Brauch ist – Achtzig Schritte geb ich ihm –
Nicht weniger, noch mehr – Er rühmte sich,
Auf ihrer hundert seinen Mann zu treffen –
Jetzt, Schütze, triff und fehle nicht das Ziel!

RUDOLF DER HARRAS.
Gott, das wird ernsthaft – Falle nieder, Knabe,
Es gilt, und fleh den Landvogt um dein Leben.

WALTER FÜRST *(beiseite zu Melchtal, der kaum seine Unge-
duld bezwingt).*
Haltet an Euch, ich fleh Euch drum, bleibt ruhig.

BERTA *(zum Landvogt).*
Laßt es genug sein, Herr! Unmenschlich ist's,
Mit eines Vaters Angst also zu spielen.
Wenn dieser arme Mann auch Leib und Leben
Verwirkt durch seine leichte Schuld, bei Gott!
Er hätte jetzt zehnfachen Tod empfunden.
Entlaßt ihn ungekränkt in seine Hütte,
Er hat Euch kennenlernen; dieser Stunde
Wird er und seine Kindeskinder denken.

GESSLER. Öffnet die Gasse – Frisch! Was zauderst du?
Dein Leben ist verwirkt, ich kann dich töten,
Und sieh, ich lege gnädig dein Geschick
In deine eigne kunstgeübte Hand.
Der kann nicht klagen über harten Spruch,
Den man zum Meister seines Schicksals macht.

APFEL

Du rühmst dich deines sichern Blicks! Wohlan!
Hier gilt es, *Schütze,* deine Kunst zu zeigen,
Das Ziel ist würdig, und der Preis ist groß!
Das Schwarze treffen in der Scheibe, *das*
Kann auch ein andrer – *der* ist mir der Meister,
Der seiner Kunst gewiß ist überall,
Dem's Herz nicht in die Hand tritt noch ins Auge.

WALTER FÜRST *(wirft sich vor ihm nieder).*

Herr Landvogt, wir erkennen Eure Hoheit,
Doch lasset Gnad' vor Recht ergehen, nehmt
Die Hälfte meiner Habe, nehmt sie ganz,
Nur dieses Gräßliche erlasset einem Vater!

WALTER TELL.

Großvater, knie nicht vor dem falschen Mann!
Sagt, wo ich hinstehn soll. Ich fürcht mich nicht,
Der Vater trifft den Vogel ja im Flug,
Er wird nicht fehlen auf das Herz des Kindes.

STAUFFACHER.

Herr Landvogt, rührt Euch nicht des Kindes
                                        Unschuld?

RÖSSELMANN. O denkt, daß ein Gott im Himmel ist,
Dem Ihr müßt Rede stehn für Eure Taten.

GESSLER *(zeigt auf den Knaben).*

Man bind' ihn an die Linde dort!

WALTER TELL.   Mich binden!
Nein, ich will nicht gebunden sein. Ich will
Still halten wie ein Lamm, und auch nicht atmen.
Wenn ihr mich bindet, nein, so kann ich's nicht,
So werd ich toben gegen meine Bande.

RUDOLF DER HARRAS.

Die Augen nur laß dir verbinden, Knabe.

WALTER TELL. Warum die Augen? Denket Ihr, ich fürchte
Den Pfeil von Vaters Hand? Ich will ihn fest

Erwarten und nicht zucken mit den Wimpern.
– Frisch, Vater, zeig's, daß du ein Schütze bist!
Er glaubt dir's nicht, er denkt uns zu verderben –
Dem Wütrich zum Verdrusse, schieß und triff.
(Er geht an die Linde, man legt ihm den Apfel auf.)

MELCHTAL *(zu den Landleuten).*

Was? Soll der Frevel sich vor unsern Augen
Vollenden? Wozu haben wir geschworen?

STAUFFACHER. Es ist umsonst. Wir haben keine Waffen,
Ihr seht den Wald von Lanzen um uns her.

MELCHTAL. O hätten wir's mit frischer Tat vollendet,
Verzeih's Gott denen, die zum Aufschub rieten!

GESSLER *(zum Tell).*

Ans Werk! Man führt die Waffen nicht vergebens.
Gefährlich ist's, ein Mordgewehr zu tragen,
Und auf den Schützen springt der Pfeil zurück.
Dies stolze Recht, das sich der Bauer nimmt,
Beleidiget den höchsten Herrn des Landes.
Gewaffnet sei niemand, als wer gebietet.
Freut's euch, den Pfeil zu führen und den Bogen,
Wohl, so will *ich* das Ziel euch dazu geben.

TELL *(spannt die Armbrust und legt den Pfeil auf).*

Öffnet die Gasse! Platz!

STAUFFACHER.

Was, Tell? Ihr wolltet – Nimmermehr – Ihr zittert,
Die Hand erbebt Euch, Eure Kniee wanken –

TELL *(läßt die Armbrust sinken).*

Mir schwimmt es vor den Augen!

WEIBER.   Gott im Himmel!

TELL *(zum Landvogt).*

Erlasset mir den Schuß. Hier ist mein Herz!
(Er reißt die Brust auf.)
Ruft Eure Reisigen und stoßt mich nieder.

GESSLER.

Ich will dein Leben nicht, ich will den Schuß.
– Du kannst ja alles, Tell, an nichts verzagst du:
Das Steuerruder führst du wie den Bogen,
Dich schreckt kein Sturm, wenn es zu retten gilt –
Jetzt, Retter, hilf dir selbst – du rettest alle!

(Tell steht in fürchterlichem Kampf, mit den Händen zuk-
kend und die rollenden Augen bald auf den Landvogt, bald
zum Himmel gerichtet – Plötzlich greift er in seinen Köcher,
nimmt einen zweiten Pfeil heraus und steckt ihn in seinen
   Goller. Der Landvogt bemerkt alle diese Bewegungen.)

WALTER TELL *(unter der Linde).*

Vater, schieß zu, ich fürcht mich nicht.

TELL.   Es muß!

   (Er rafft sich zusammen und legt an.)

RUDENZ *(der die ganze Zeit über in der heftigsten Span-*
   nung gestanden und mit Gewalt an sich gehalten, tritt
   hervor).

Herr Landvogt, weiter werdet Ihr's nicht treiben,
Ihr werdet *nicht* – Es war nur eine Prüfung –
Den Zweck habt Ihr erreicht – Zu weit getrieben
Verfehlt die Strenge ihres weisen Zwecks,
Und allzu straff gespannt zerspringt der Bogen.

GESSLER. Ihr schweigt, bis man Euch aufruft.

RUDENZ.   Ich *will* reden,

Ich darf's! Des Königs Ehre ist mir heilig,
Doch solches Regiment muß Haß erwerben.
Das ist des Königs Wille nicht – Ich darf's
Behaupten – Solche Grausamkeit verdient
Mein Volk nicht, dazu habt Ihr keine Vollmacht.

GESSLER. Ha, Ihr erkühnt Euch!

RUDENZ.   Ich hab still geschwiegen

Zu allen schweren Taten, die ich sah;
Mein sehend Auge hab ich zugeschlossen,
Mein überschwellend und empörtes Herz
Hab ich hinabgedrückt in meinen Busen.
Doch länger schweigen wär' Verrat zugleich
An meinem Vaterland und an dem Kaiser.

BERTA *(wirft sich zwischen ihn und den Landvogt).*

O Gott, Ihr reizt den Wütenden noch mehr.

RUDENZ.

Mein Volk verließ ich, meinen Blutsverwandten
Entsagt' ich, alle Bande der Natur
Zerriß ich, um an Euch mich anzuschließen –
Das Beste aller glaubt' ich zu befördern,
Da ich des Kaisers Macht befestigte –
Die Binde fällt von meinen Augen – Schaudernd
Seh ich an einen Abgrund mich geführt –
Mein freies Urteil habt Ihr irrgeleitet,
Mein redlich Herz verführt – Ich war daran,
Mein Volk in bester Meinung zu verderben.

GESSLER. Verwegner, diese Sprache deinem Herrn?

RUDENZ.

Der Kaiser ist mein Herr, nicht Ihr – Frei bin ich
Wie Ihr geboren, und ich messe mich
Mit Euch in jeder ritterlichen Tugend.
Und stündet Ihr nicht hier in Kaisers Namen,
Den ich verehre, selbst wo man ihn schändet,
Den Handschuh wärf' ich vor Euch hin, Ihr solltet
Nach ritterlichem Brauch mir Antwort geben.
– Ja, winkt nur Euren Reisigen – Ich stehe
Nicht wehrlos da, wie *die* – *(auf das Volk zeigend)*
                              Ich hab ein Schwert,
Und wer mir naht –

STAUFFACHER *(ruft).*   Der Apfel ist gefallen!

APFEL

(Indem sich alle nach dieser Seite gewendet und Berta zwischen Rudenz und den Landvogt sich geworfen, hat Tell den Pfeil abgedrückt.)

RÖSSELMANN. Der Knabe lebt!

VIELE STIMMEN.   Der Apfel ist getroffen!

(Walter Fürst schwankt und droht zu sinken, Berta hält ihn.)

GESSLER *(erstaunt).*

Er hat geschossen? Wie? der Rasende!

BERTA. Der Knabe lebt! kommt zu Euch, guter Vater!

WALTER TELL *(kommt mit dem Apfel gesprungen).*

Vater, hier ist der Apfel – Wußt' ich's ja,

Du würdest deinen Knaben nicht verletzen.

(Tell stand mit vorgebognem Leib, als wollt' er dem Pfeil folgen – die Armbrust entsinkt seiner Hand – wie er den Knaben kommen sieht, eilt er ihm mit ausgebreiteten Armen entgegen und hebt ihn mit heftiger Inbrunst zu seinem Herzen hinauf, in dieser Stellung sinkt er kraftlos zusammen.
Alle stehen gerührt.)

BERTA. O güt'ger Himmel!

WALTER FÜRST *(zu Vater und Sohn).*

                    Kinder! meine Kinder!

STAUFFACHER. Gott sei gelobt!

LEUTHOLD.   Das war ein Schuß! Davon

Wird man noch reden in den spätsten Zeiten.

RUDOLF DER HARRAS.

Erzählen wird man von dem Schützen Tell,

Solang die Berge stehn auf ihrem Grunde.

(Reicht dem Landvogt den Apfel.)

GESSLER. Bei Gott! der Apfel mitten durchgeschossen!

Es war ein Meisterschuß, ich muß ihn loben.

RÖSSELMANN.

Der Schuß war gut, doch wehe dem, der ihn
Dazu getrieben, daß er Gott versuchte.

STAUFFACHER.

Kommt zu Euch, Tell, steht auf, Ihr habt Euch
                    männlich
Gelöst, und frei könnt Ihr nach Hause gehen.

RÖSSELMANN.

Kommt, kommt und bringt der Mutter ihren Sohn!

REICHSAPFEL

Reichsapfel, unter den Reichsinsignien ein hervorra-
gendes Herrschaftszeichen, dessen Tradition in die Antike zurückreicht, zum Symbol der Sphaira. Die Sphaira symbolisiert nicht die Erde, sondern den als Kugel
gedachten Himmel. Zwar haben griechische Denker
bereits die Kugelgestalt der Erde angenommen (Par-
menides, die Pythagoräer u. a.), doch hat sich diese
Lehre im Altertum nicht durchgesetzt; wohl aber die von
der Himmelskugel als vollkommene Gestalt eines idea-
len Körpers (Thales, Plato, Archimedes). Da das vor-
nehmste Gestirn die Sonne ist, erscheint die Sphaira im
Hellenismus vornehmlich in der Hand des Allgottes, des
Sol invictus. Mit der zunehmenden Vergöttlichung des
römischen Kaisers wird die Kugel Herrschaftsattribut,
namentlich auf römischen Münzen: Der Kaiser thront auf
der Kugel, oder er faßt sie mit der Hand. Oft erhebt sich
auf der Kugel eine Victoria, welche dem Kaiser den

Kranz darbietet, so noch auf dem Goldmedaillon des Theoderich (Rom, 500). Bei den frühchristlichen Kaisern tritt an die Stelle der Victoria das christliche Kreuz – dasjenige Symbol, welches später auch den mittelalterlichen R. krönt.

Schon Karl d. Gr. wird dargestellt mit dem Globus in der Hand (Reiterstatuette im Louvre). Der R. wurde im MA. anfänglich wohl bei der Krönung auf dem Altar aufgestellt. Dem Ks. Heinrich II. überreichte der Papst bei seinem Einzug in Rom als Ehrengeschenk einen R., den dieser dem Kloster Cluny überwies. In der Weltchronik Ekkehards wird erzählt, welche Reichsinsignien Heinrich IV. seinem Sohne im Jahre 1106 hatte aushändigen müssen, darunter *globum atque coronam* (MG SS VI 231). Im kaiserlichen Krönungszeremoniell tritt der R. erst 1191 auf. Damals überreichte Papst Coelestin III. dem Kaiser – Heinrich VI. – auf dessen Wunsch neben anderen Insignien auch den R. Gegen Ende des 12. Jh. findet sich im Krönungsordo die ausdrückliche Anweisung *deinde [papa] sceptrum et pomum aureum tradit ei,* und um 1350 findet sich in der Krönungsliturgie die Formel: *Accipe globum sphaericum, ut omnes terrae nationes Romano imperio subicias.*

Der in Wien bei den Reichskleinodien verwahrte R. wird aus stilistischen Gründen in die staufische Zeit datiert; vielleicht ist er bei der erwähnten Krönung Ks. Heinrichs VI. verwandt worden. Er ist 21 cm hoch, aus Goldblech; innen ist er mit einer Harzmasse gefüllt, die der Stabilisierung diente, im MA. aber als christliche Gemahnung an den Erdenstaub gedeutet wurde. Gervasius von Tilbury behauptet vollends, der R. sei mit Asche gefüllt, damit so die Vergänglichkeit des irdischen Ruhmes

Der Reichsapfel der deutschen Könige und Kaiser

angezeigt werde. Er ist mit Goldfiligran, Edelsteinen und Perlen verziert. Der Stein im Schnittpunkt der Kreuzbalken ist ein Intaglio, er zeigt ein Monogramm, das den merowingischen Königsmonogrammen ähnelt, aber noch nicht gedeutet werden konnte. Neben diesem R. haben noch zwei einfache jüngere R. existiert, die bei der Flüchtung der Reichsinsignien aus Nürnberg in Verlust geraten sind. Albrecht Dürer hat Karl d. Gr. nicht mit dem erhaltenen R., sondern mit einem der beiden einfachen gemalt. Auch andere Länder und Herrscher haben den R. gekannt oder kennen ihn (Preußen, Bayern, Rußland, Polen, Schweden, England usw.). Napoleon I. hat sich im Krönungsornat als Kaiser mit einem für ihn persönlich gefertigten R. malen lassen (François Gérard). Im Zeitalter der Renaissance trägt der Fürst auf Herrschaftsbildern gelegentlich einen halboffenen Granatapfel in Händen, so z. B. Ks. Maximilian auf dem Ölbild von A. Dürer 1519; ebenso manchmal das Jesuskind. Christliches Sinnbild der Unsterblichkeit? (so P. E. Schramm). Oder Vielheit in der Einheit? – Abwandlungen des R. können in der Weise auftreten, daß auf ihm anstelle des Kreuzes eine Lilie erwächst; die Kugel wird damit zur Fruchtknolle. Ein Beispiel dafür bildet ein romanisches Reliquiar im Welfenschatz. Die Lilie ist Friedenssymbol, wohl auch Gnadensymbol. Eine volkstümliche Deutung des R. geht dahin, daß das Schwert in der Rechten des Herrschers die Justitia, der R. in seiner Linken aber seine Gnade sinnfällig mache.

Handwörterbuch zur deutschen Rechtsgeschichte

Gillis Jacobsz. van Hulsdonck:
Stilleben mit Steinkrug und zwei Römern

WIE EIN HOLLÄNDER DEM EULENSPIEGEL
EINEN GEBRATENEN APFEL AUS DEM TELLER ASS,
IN DEN DIESER EIN BRECHMITTEL GETAN HAT

Zu Recht und redlich zahlte Eulenspiegel es einem Holländer heim. Es begab sich eines Tages in Antwerpen in einer Herberge, in der holländische Kaufleute einkehrten, und Eulenspiegel war ein wenig krank, so daß er kein Fleisch mochte, und kochte sich weiche Eier. Als nun die Gäste zu Tisch saßen, da kam Eulenspiegel auch zu dem Tisch und brachte die weichen Eier mit. Und der Holländer hielt Eulenspiegel für einen Bauern und sprach: »Wie, Bauer, magst du des Wirts Kost nicht, soll man dir Eier kochen?« Und damit nimmt er die Eier beide und schlägt sie auf und schlürft eines nach dem andern aus und legt die Schalen vor Eulenspiegel hin und sagt: »Sieh hin, leck' die Schale aus, begnüge dich damit, das Dotter ist nicht mehr drin.« Die anderen Gäste lachten darüber und Eulenspiegel mit ihnen.

Am Abend kaufte Eulenspiegel einen hübschen Apfel, den höhlte er inwendig aus und stopfte ihn voll Fliegen und Mücken. Er briet den Apfel weich und schälte ihn und bestreute ihn außen mit Ingwer. Als sie nun des Abends wieder zu Tisch saßen, da brachte Eulenspiegel auf einem Teller den gebratenen Apfel und kehrte sich von dem Tisch weg, als ob er mehr davon holen wollte. Als er ihnen nun den Rücken wendet, da greift der Holländer zu und nimmt ihm den gebratenen Apfel vom Teller und schluckt den schnell herunter. In dem Moment erbrach sich der Holländer und brach alles, was er im Leib hatte, aus, und ihm war ganz übel, so daß der Wirt meinte und die anderen auch, Eulenspiegel hätte ihm den Apfel vergiftet. Eulenspiegel sagte: »Das ist keine Vergiftung, es ist eine Reinigung seines Magens, denn einem begierigen Magen bekommt keine Kost gut. Hätte er mir das gesagt, daß er den Apfel so begierig herunterschlucken wollte, dann wollte ich ihn gewarnt haben. Denn in die weichen Eier kamen keine Mücken, aber in dem gebratenen Apfel steckten sie. Das mußte er wieder auskotzen.« Dabei kam der Holländer wieder zu sich – es hatte ihm nicht groß geschadet – und sprach zu Eulenspiegel: »Iß und brat nur, ich esse nichts mehr von dir, und wären es Krammetsvögel.«

DIE ZAUBERÄPFEL

Es war einmal ein Bursche, der tat es immer allen andern zuvor. Es fehlte ihm nie an Geld; das kam daher, daß er einen Beutel hatte, der nie leer war. Nie fehlte es ihm an Nahrung; denn er hatte ein Tuch, und sobald er das ausbreitete, bekam er alles, was er wollte, Essen und Trinken. Dazu hatte er noch einen Wünschelhut. Wenn er den aufsetzte, konnte er sich wünschen, wohin er wollte, und sogleich war er dort. – Nur an einem Ding fehlte es ihm noch: er hatte keine Frau, und nun kam er allmählich in die Jahre, wo er sich hätte eilen müssen.

Aber als er so eines Tages trübselig dahinging, fiel es ihm ein, sich zu der schönsten Königstochter in der Welt zu wünschen. Kaum hatte er es gedacht, so war er schon dort. Und es war ein Land, das er noch nie erblickt hatte, und eine Stadt, in der er noch nie gewesen war. Und der König hatte eine Tochter, so schön, wie er noch nie et-

Paul Cézanne:
Stilleben mit Ingwertopf, Zuckerdose und Äpfeln

was gesehen hatte, und die wollte er auf der Stelle haben. Aber sie wollte gar nichts von ihm wissen und war
sehr hochmütig.

Schließlich war er ganz verzweifelt, und so kam er
außer sich, daß er nicht mehr sein konnte, wo sie nicht
war. Da nahm er seinen Wünschelhut und wünschte sich
ins Schloß. Er wolle adieu sagen, sagte er. Und sie gaben
sich die Hand. »Ich wollte, wir wären weit überm Ende
der Welt!« sagte der Bursch, und da waren sie dort. Sie
setzten sich, um zu ruhen, unter einen Baum; es war in
einem großen Wald. Aber die Königstochter weinte und

bat, ob sie nicht wieder heim dürfe. Er könne alles Silber und Gold, das im Schloß sei, dafür haben. »Ich hab selber Geld genug«, sagte der Bursch und schüttelte seinen Beutel, daß das Geld nur so herumrollte. Er dürfte jeden Tag an der königlichen Tafel sitzen und von den besten Speisen essen und den feinsten Wein trinken, sagte sie. »Ich habe selber Essen und Trinken genug«, sagte der Bursch und breitete gleich sein Tuch aus. »Sieh, du magst dich zu Tische setzen«, sagte er. Da stand ein Tisch gedeckt mit dem Besten, was man sich wünschen kann; selbst der König führte keine so feine Tafel.

Als sie gegessen hatten, sagte die Königstochter: »Ach, schau doch die schönen Äpfel da oben an dem Baum. Wenn du brav wärest, holtest du mir ein paar herunter!« Der Bursche, nicht faul, kletterte hinauf. Aber er hatte das Tuch und den Beutel vergessen, und die nahm sie an sich. Und als er die Äpfel hinunterschütteln wollte, fiel ihm der Hut hinab. Den setzte sie sich auf und wünschte sich heim in ihr eigenes Zimmer, und stracks war sie auch dort.

»Das hättest du wissen sollen!« sagte sich der Bursche und eilte vom Baum herunter. Er fing an zu weinen und wußte sich gar nicht zu helfen. Als er so dasaß, versuchte er die Äpfel, die er hinuntergeworfen hatte. Kaum hatte er recht versucht, so hatte er ein kurioses Gefühl im Kopf, und als er recht zusah, hatte er Hörner. »Nun kann es ja nichts mehr schaden«, sagte er und aß ruhig weiter von den Äpfeln. Aber auf einmal war das Horn weg, und er war wie früher. »Auch gut«, sagte der Bursche. Damit steckte er die Äpfel ein und machte sich auf die Suche nach der Königstochter. Er zog von Stadt zu Stadt und segelte von Land zu Land. Aber es war eine weite Reise und dauerte über Jahr und Tag und noch länger.

Aber eines Tages kam er doch hin. Es war ein Sonntag, und er erfragte, daß die Königstochter in der Kirche sei. Da setzte er sich mit seinen Äpfeln vors Kirchentor und gab sich als Handelsmann aus. »Äpfel von Damaskus! Äpfel von Damaskus!« schrie er. Da kam auch schon die Königstochter und hieß ihr Mädchen gehen und schauen, was der fremde Handelsmann Schönes feil habe. Ja, das seien Äpfel von Damaskus. »Was hat man von den Äpfeln Gutes?« fragte das Mädchen. »Klugheit und Schönheit!« sagte der Kaufmann, und das Mädchen kaufte.

Als die Königstochter von den Äpfeln gegessen hatte, bekam sie Hörner. Und da war ein so jämmerliches Klagen im Schloß, daß es ein Jammer war. Und sie schlugen das Schloß schwarz aus und ließen im ganzen Reich von allen Kanzeln verkünden, wer der Königstochter helfen könne, der solle sie und das halbe Königreich dazu bekommen. Da kamen Hinz und Kunz und die besten Ärzte im Land. Aber keiner konnte helfen.

Da kam eines Tags ein fremder Doktor von weit her an den Hof. Er sei nicht aus dem Lande, sagte er, und habe extra die lange Reise gemacht, nur um sein Heil hier zu versuchen. Aber er müsse mit der Königstochter allein sein, sagte er, und das wurde ihm erlaubt.

Die Königstochter erkannte ihn und wurde rot und blaß. »Wenn ich dir jetzt helfe, willst du mich dann heiraten?« fragte der Bursch. Ja, das wollte sie. Da gab er ihr einen von den Wunderäpfeln, und da waren die Hörner nur noch halb so groß. »Mehr kann ich nicht tun, bevor ich nicht auch meinen Hut und mein Tuch und meinen

Beutel wiederhabe«, sagte er. Da holte sie ihm die Sachen herbei. Da gab er ihr noch einen Wunderapfel, und da waren die Hörner nur noch ganz winzig kleine Hörnchen. »Jetzt kann ich nicht weitermachen, ehe du mir nicht schwörst, treu zu sein«, sagte er. Das schwur sie ihm. Aber als sie den dritten Apfel bekam, wurde ihre Stirn wieder ganz glatt, und sie war noch schöner als in früheren Tagen.

Da war die Freude groß im Schloß. So richteten sie die Hochzeit zu mit Backen und Brauen und luden Leute aus Ost und West dazu ein. Da tranken sie und waren froh und guter Dinge, und wenn sie nicht aufgehört haben, so sind sie es heute noch.

Norwegisches Volksmärchen

GUSTAV SCHWAB

DIE GOLDENEN ÄPFEL DER HESPERIDEN

Einst, bei der feierlichen Vermählung des Zeus mit Hera, als alle Götter dem erhabenen Paar ihre Hochzeitsgeschenke darbrachten, wollte auch Gaia, die Erde, nicht zurückbleiben. Sie ließ am Westgestade des großen Weltmeeres einen ästereichen Baum voll goldener Äpfel hervorwachsen. Vier Jungfrauen, Hesperiden genannt, Töchter der Nacht, waren die Wächterinnen dieses heiligen Gartens, den außerdem noch ein hundertköpfiger Drache bewachte, Ladon, ein Sprößling des Phorkys, des berühmten Vaters so vieler Ungeheuer, und der erdgeborenen Keto. Kein Schlaf kam je über die Augen dieses Drachen, und ein fürchterliches Gezisch verkündete seine Nähe; denn jede seiner hundert Kehlen ließ eine andere Stimme hören. Diesem Ungeheuer, so lautete der Befehl des Eurystheus, sollte Herakles die goldenen Äpfel der Hesperiden entreißen. Der Halbgott machte sich auf den langen und abenteuervollen Weg, auf welchem er sich dem blinden Zufall überließ, denn er wußte nicht, wo die Hesperiden wohnten. Zuerst gelangte er nach Thessalien, wo der Riese Termeros hauste, der alle Reisenden, denen er begegnete, mit seinem harten Hirnkasten zu Tode rannte. Aber an des göttlichen Herakles Schädel zersplitterte das Haupt des Riesen. Weiter vorwärts, am Flusse Echedoros, kam dem Helden ein anderes Ungetüm in den Weg, Kyknos, der Sohn des Ares und der Pyrene. Dieser, von dem Halbgott nach den Gärten der Hesperiden befragt, forderte statt aller Antwort den Wanderer zum Zweikampf heraus und wurde von Herakles erschlagen. Da erschien Ares, der Gott selbst, den getöteten Sohn zu rächen, und Herakles sah sich gezwungen, mit ihm zu kämpfen. Aber Zeus wollte nicht, daß seine Söhne Bruderblut vergössen, und ein plötzlich mitten zwischen beide geschleuderter Blitz trennte die Kämpfer. Herakles schritt nun weiter durchs illyrische Land, eilte über den Fluß Eridanos und kam zu den Nymphen des Zeus und der Themis, die an den Ufern dieses Stromes wohnten. Auch an sie richtete der Held seine Frage. »Geh zu dem alten Stromgott Nereus«, war die Antwort, »der ist ein Wahrsager und weiß alle Dinge. Überfall ihn im Schlafe und binde ihn, so wird er gezwungen den rechten Weg dir angeben.« Herakles befolgte diesen Rat und bemeisterte sich des Flußgottes, obgleich dieser nach seiner Ge-

wohnheit sich in allerlei Gestalten verwandelte. Er ließ
ihn nicht eher los, bis er erkundet hatte, in welcher Welt-
gegend er die goldenen Äpfel des Hesperiden antreffen
werde. Hierüber belehrt, durchzog er weiter Libyen und
Ägypten. Über das letztere Land herrschte Busiris, der
Sohn des Poseidon und der Lysianassa. Ihm war bei einer neunjährigen Teuerung durch einen Wahrsager aus
Kypros das grausame Orakel geworden, daß die Un-
fruchtbarkeit aufhören sollte, wenn dem Zeus jährlich
ein fremder Mann geschlachtet würde. Zum Danke
machte Busiris den Anfang mit dem Wahrsager selbst;
allmählich fand der Barbar einen Gefallen an dieser Ge-
wohnheit und schlachtete alle Fremdlinge, welche nach
Ägypten kamen. So wurde denn auch Herakles ergriffen
und zu den Altären des Zeus geschleppt. Er aber riß die
Bande, die ihn fesselten, entzwei und erschlug den
Busiris mitsamt seinem Sohn und dem priesterlichen
Herold. Unter mancherlei Abenteuern zog der Held
weiter, befreite, wie schon erzählt worden ist, den an
den Kaukasos geschmiedeten Titanen Prometheus, und
gelangte endlich, nach der Anweisung des Befreiten, in
das Land, wo Atlas die Last des Himmels trug und in
dessen Nähe der Baum mit den goldenen Äpfeln von
den Hesperiden gehütet wurde. Prometheus hatte dem
Halbgott geraten, sich nicht selbst dem Raube der goldenen Früchte zu unterziehen, sondern den Atlas auf
diesen Fang auszusenden. Er selbst erbot sich dafür
diesem, solange das Tragen des Himmels auf sich zu
nehmen. Atlas bezeugte sich willig, und Herakles
stemmte die mächtigen Schultern dem Himmelsgewölbe
unter. Jener dagegen machte sich auf, schläferte den um
den Baum sich ringelnden Drachen ein und tötete ihn,

überlistete die Hüterinnen und kam mit drei Äpfeln, die er gepflückt, glücklich zu Herakles. »Aber«, sprach er, »meine Schultern haben nun einmal empfunden, wie es schmeckt, wenn der eherne Himmel nicht auf ihnen lastet. Ich mag ihn fürder nicht wieder tragen.« So warf er die Äpfel vor dem Halbgott auf den Rasen und ließ diesen mit der ungewohnten, unerträglichen Last stehen. Herakles mußte auf eine List sinnen, um loszukommen. »Laß mich«, sprach er zu dem Himmelsträger, »nur einen Bausch von Stricken um den Kopf winden, damit mir die entsetzliche Last nicht das Gehirn zersprengt.« Atlas fand die Forderung billig und stellte sich, nach seiner Meinung auf wenige Augenblicke, dem Himmel wieder unter. Aber er konnte lange warten, bis Herakles ihn wieder ablöste, und der Betrüger wurde zum Betrogenen. Denn jener hatte kaum die Äpfel vom Rasen aufgelesen, als er mit den goldenen Früchten sich aus dem Staube machte. Er brachte diese dem Eurystheus, der sie, da sein Zweck, den Herakles aus dem Wege zu räumen, doch nicht erreicht war, dem Helden wieder als Geschenk zurückgab. Der legte sie auf dem Altar Athenes nieder; die Göttin aber wußte, daß es der heiligen Bestimmung dieser göttlichen Früchte zuwider war, irgendwo anders niedergelegt zu werden, und so trug sie die Äpfel wieder in den Garten der Hesperiden zurück.

VI. APFELKOST

APICIUS
WIE SICH ÄPFEL UND GRANATÄPFEL
LANGE HALTEN

Wie sich Äpfel und Granatäpfel lange halten: Tauche sie in kochendes Wasser, nimm sie gleich wieder heraus und hänge sie auf.

Wie sich Quitten lange aufbewahren lassen: Suche Quitten ohne Fehler mit Zweigen und Blättern aus und gib sie in ein Gefäß und gieße Honig und Defritum darüber. Du wirst sie lange aufbewahren können.

Wie du frische Feigen, Äpfel, Pflaumen, Birnen und Kirschen lange aufbewahren kannst: Lies alle zusammen mit den Stielen sorgfältig aus und lege sie in Honig ein, ohne daß sie sich berühren.

Apfel. Frucht des in zahlreichen Sorten kultivierten Apfelbaumes (Pirus malus, Rosaceae), die vielfache Verw. als Tafelobst, für Apfelsaft, -kraut, -mus etc. sowie zur Gewinnung von Pektinen, Obstessig u. Branntweinen findet. Nach dem Lebensmittelgesetz müssen Tafeläpfel bestimmten Güteklassen entsprechen. 100 g eßbare Anteile enth. durchschnittlich 86 g Wasser, 0,3 g Eiweiß, 0,3 g Fett, 12,1 g Kohlenhydrate, 0,9 g Cellulose, 0,4 g Mineralstoffe (1,8 mg Na, 137 mg K, 8 mg Ca, 11 mg P) u. 12 mg C-Vitamin. Der C-Vitamingeh. schwankt bei den einzelnen Sorten zwischen 0 u. 60 mg-%. Die Rotfärbung mancher Äpfel ist durch Anthocyane (Idaein) u. dgl. bedingt; zum Aroma s. folgendes Stichwort. Bei der Reifung u. Lagerung nehmen Wasser-, Säure- u. Dextringeh. ab; Stärke, Pektine u. Polyosen werden ganz od. z. T. in Zucker verwandelt. Die im A. enthaltenen Säuren sind hauptsächlich Apfelsäure u. wenig Citronensäure. Der wachsartige Überzug der Ä. besteht aus linearen Kohlenwasserstoffen wie n-Heptacosan ($C_{27}H_{56}$) u. n-Nonacosan ($C_{29}H_{60}$). Optimale Lagerungsbedingungen: 5°, eine Atmosphäre aus 5% CO_2, 2–3% O_2, Rest N_2; die Reifung beim Lagern wird durch kleine Mengen Ethylen beschleunigt, das als Fruchtreifungshormon gilt, vgl. Höll (Naturwiss. Rdsch. 29 (1976) 257–262). Gravensteiner Äpfel scheiden bei der Reifung 0,1–2,8 mg Ethylen/kg Äpfel in der Std. aus. – *E* apple – *F* pomme

Apfelaroma. Das natürliche Aroma der frischen, reifen Äpfel wird hervorgerufen durch ein Gemisch von freien Säuren (Essig-, Ameisen-, n-Capryl-, Propion- u. n-Buttersäure), Acetatestern (von n- u. Isobutanol, n- u. Isoamylalkohol, n-Hexanol), Aminen (vgl. Hartmann, Experientia 23 (1967) 680), Acetaldehyd, Acetophenon, Formaldehyd u. Aceton. Nach Schiller (Angew. Chemie 75 (1963) 1137) sind ca. 90% der flüchtigen Substanzen des *Apfelsafts* Alkohole; diese entstehen jedoch erst aus den erwähnten Estern des Fruchtfleischs durch die Aufarbeitung infolge enzymat. Spaltung ebenso wie auch die geruchsintensiven A.-Stoffe 2-Hexenal u. Hexanal (s. Drawert et al., Liebigs Ann. Chem. 694 (1966) 200–208). Nach Williams et al. (J. Sci. Food Agr. 28 (1977) 185–190) ist 4-Methoxyallylbenzol eine wichtige Aromakomponente; einen Vgl. des A. versch. Apfelsorten findet man bei Paillard (Lebensm.-Wiss. Technol. 8 (1975) 34–37). – *E* apple flavor

Apfelsäure (Apfelsäure, Hydroxybernsteinsäure), $HOOC–CH_2–CHOH–COOH$. L-(–)-A. bildet zerfließliche, zu Drusen vereinigte Nadeln, die sich in Wasser, Alkohol u. Ether leicht lösen. *F.* ca. 100°; das Racemat schmilzt bei 131–132°. A. ist in freiem Zustand in Äpfeln, Berberitzenbeeren, Quitten, Stachelbeeren, Trauben u. Vogelbeeren enthalten; sie wurde von Scheele 1785 aus Apfelsaft isoliert, u. ihre Konstitution hat Liebig 1832 ermittelt. Im menschlichen Organismus tritt A. als Zwischenstufe im Citronensäurezyklus u. bei der Gluconeogenese (s. *Glucose) auf. *Darst.:* Opt. akt. A. wird als Stoffwechselprod. von Pilzen u. Bakterien (zur industriellen Synth. s. New Scientist 67 (1975) 538) gewonnen; die racem. Form durch Hydratisierung von Fumar- od. Maleinsäure. Zur kathod. Red. von CO_2 zu A. an Hg-Elektroden s. Wolf u. Rollin (Z. Chemie 17 (1977) 337 f.). Die lebensmittelchem. Best. von A. kann enzymat. erfolgen. *Verw.:* Zum Imprägnieren der Verpackung von

Käse u. a. Lebensmitteln (gegen Schimmel), statt Citronensäure als Ansäuerungsmittel für Backwaren u. Getränke, im Laboratorium zur Racemattrennung. – *E* malic acid

Apfelsaft. Als A. bezeichnet man den Fruchtsaft von ausgepreßten Äpfeln. Dieser wird entweder nur durch Zentrifugieren von gröberen Partikeln befreit u. dann als *naturtrüber* A. gehandelt, od. er wird auf enzymat. Wege (Zusatz von Polygalakturonase u. Absitzenlassen des Pektins) od. durch Zugabe von Gelatine u. Gerbsäure *geklärt,* vgl. Grampp (Röhm Spektrum 19, Darmstadt: Röhm 1977, S. 12 f.). Der Zusatz von Vitamin C verringert das Braunwerden. Je 100 g A. enth. durchschnittlich 88 g Wasser, 0,1 g Eiweiß, 11 g Kohlenhydrate, 0,2 g Mineralstoffe, 1 mg Na, 100 mg K, 6 mg Ca, 9 mg P, 1 mg C-Vitamin. Zum Aroma von A. s. Apfelaroma. Eingedickter A. wird als *Apfelkraut* bezeichnet. – *E* apple juice – *F* jus de pommes

Römpps Chemie-Lexikon

Voller Apfel, Birne und Banane,
Stachelbeere … Alles dieses spricht
Tod und Leben in den Mund … Ich ahne …
Lest es einem Kind vom Angesicht,

wenn es sie erschmeckt. Dies kommt von weit.
Wird euch langsam namenlos im Munde?
Wo sonst Worte waren, fließen Funde,
aus dem Fruchtfleisch überrascht befreit.

Wagt zu sagen, was ihr Apfel nennt.
Diese Süße, die sich erst verdichtet,
um, im Schmecken leise aufgerichtet,

klar zu werden, wach und transparent,
doppeldeutig, sonnig, erdig, hiesig –:
O Erfahrung, Fühlung, Freude –, riesig!

Rainer Maria Rilke

JULIAN SCHUTTING
APFEL

betrachten Sie nun, meine Damen und Herren, diesen
Apfel: sieht er nicht wie ein besonders schöner Apfel aus,
so daß man ihn für einen besonders schönen, jedenfalls
für einen Apfel halten möchte? aber nun, meine Damen
und Herren, betrachten Sie bitte diesen Apfel nicht als
Apfel, wenn auch als Apfel, sondern als Verwirklichung
unserer Auffassung von der Kunst: ›Kunst‹ kommt von
›können‹, sagen wir, und künstlerisches Können erweist
sich nur im Wettbewerb mit der Natur – betrachten Sie
also diesen Apfel (der Ihnen, wenn ich Ihnen nicht sagte,
daß er ein Kunstwerk ist, wie gesagt: als Apfel erschiene)
als ›Apfel‹ benannte Skulptur und erleben Sie in dieser die
bis zur vollkommenen Gleichheit getriebene Annäherung
zwischen Kunst und Natur, so daß der Unterschied zwischen dem in diesem Apfel abgebildeten Apfel und diesem Apfel als Abbild des eigentlichen Apfels nur mehr ein
zeitlicher ist, im Augenblick der Vollendung jenes Apfels

in diesem so gut wie aufgehoben, was übrigens eine aus
Kunstkritikern Gärtnern Philosophen Botanikern und
Künstlern zusammengesetzte Jury vor der Obstschale, in
der sich neben konventionellen Äpfeln dieser Apfel be-
funden hat, durch ihre Unsicherheit, ja Verwirrung über
die Frage, was nun eigentlich ein Apfel sei, eingestanden
hat, aber vermissen Sie zugleich in diesem Artefakt, was
sein Schöpfer in schmerzlicher Geduld von ihm erwartet
hat: den Sprung des künstlichen Apfels in den natürlichen
Apfel, denn die Identität zwischen Vorbild und Abbild
bleibt aus, ob sie nun nur einen der zweierlei Äpfel oder
beide Äpfel vor sich haben, d. h. der Apfel bleibt Ihnen ein
oder wird Ihnen der einen Apfel bedeutende Apfel, ohne
zugleich auch der andere zu werden bzw. der von zuerst
zu bleiben!

betrachten Sie nun, meine Damen und Herren, diesen
Apfel noch einmal als den Apfel, als welchen Sie ihn,
wenn Sie nicht wüßten, daß es ein Apfel von einer rea-
len Äpfeln nicht eigenen Dimension ist, betrachten würden, indem Sie sich etwa ihn gerade von einem Apfelbaum gepflückt zu haben sagen, vielleicht wollen Sie
sich dabei dieses welken Apfelblattes bedienen, das erleichtert die Umkehr, und ändern Sie, sobald er Ihnen
wieder nur ein Apfel ist, die Voraussetzung der Betrach-
tung, indem Sie mich Ihnen, daß dieser Apfel ein einem
Apfel nachgebildeter Apfel sei bzw. ist, eben erst mitteil-
len lassen, und bestätigen Sie – da die kleinste Veränderung der Voraussetzung, unter der man etwas betrachtet,
wie Sie jetzt erleben, auch das Objekt, dem die Betrach-
tung gilt, verändert –, daß Laien in Hinkunft, was Kunst
sei und was nicht, zu beurteilen erst recht nicht sich werden anmaßen dürfen.

sollten Sie nun vor diesem Apfel, meine Damen und
Herren (da Sie meiner Behauptung, dieser Apfel sei kein
Apfel, sondern stelle nur in vollendeter Weise einen Apfel dar, trauen oder mißtrauen), befürchten, in Hinkunft
werde jeder beliebige einen von einem Baum gestohle-
nen Apfel, eben weil dieser nur ein Apfel ist, als Kunstwerk, jedenfalls als Artefakt, ausgeben können, so sei
dazu gesagt, daß der Nachweis eines solchen Betruges
genau so wie die gerechte Beurteilung eines gemalten
Apfels aus der Zeit der konventionellen Kunst natürlich
erst nach geraumer Zeit, vielleicht erst nach Jahren, erfolgen kann: wie dieser Apfel, wenn er ein ›natürlicher‹
Apfel, also ein Apfel ohne Künstler wäre, je nach Lagerung nach Wochen oder Monaten oder Jahren vertrock-
nen oder verfaulen würde, könnte das diesem Apfel,
weil in ihm, wie wir programmatisch gefordert haben,
nicht nur die formale, sondern auch die inhaltliche Über-
einstimmung mit seinem organisch gewachsenen Urbild
erreicht worden ist, bei unzureichender Lüftung des
Museums (bzw. infolge einer Überschreitung der Kühl-
temperatur, die der Künstler, meist nach einer Rückspra-
che mit dem Züchter seines Modelles, für die Vitrine, in
welcher der Apfel ausgestellt wäre, festgelegt hätte) ge-
nauso gesehen, ja man könnte, meine ich, die Frage, ob
Vorbild und Abbild unter gleichen Bedingungen gleich
schnell verfaulen, zum wichtigsten Kriterium einer zeit-
gemäßen Kunstkritik erklären – sollte Ihnen das als Be-
weis für die Kurzlebigkeit der modernen Kunst erscheinen, so gebe ich zu bedenken, daß auch die Kunst
früherer Epochen in ähnlicher Weise bedroht war, denken Sie nur an den Holzwurm oder die Zinnpest, und
beklagen Sie daher lieber im Abbild Apfel die Vergäng-

lichkeit der Natur, symbolisiert dieses doch auch die Vergänglichkeit des konventionellen Apfels (übrigens wird keiner der neuen Äpfel wurmig gemacht worden sein, da die neue Kunst zwar natürlich, nicht aber naturalistisch ist und, frei von Ideologie, auf aufdringliche Hinweise zum Beispiel auf Krankheit und Tod verzichtet)

trotzdem ist eine Unterscheidung zwischen Natur und Kunst so lange möglich, als Kunst nicht züchtbar ist – ein Kern dieses Kunstwerkes würde, in die Erde getan, zwar keimen, aber der Baum würde, ohne befruchtende Inspiration herangewachsen, keine Früchte tragen.

und nun, meine Damen und Herren, nehmen Sie die Skulptur in die Hand, zu lange hat die Menschheit Statuen mit Ehrfurcht betrachtet, dafür aber Menschen geschändet – sie greift sich wie ein Apfel an, hat die Masse die Substanz das Gewicht eines Apfels, auch wenn Sie nicht eigentlich einen Apfel in den Händen halten, ihre Oberfläche ist eine Art Apfelschale, polieren Sie diese ruhig so, als ob Sie sofort in den Apfel beißen wollten, und betrachten Sie dann die auf dieser mit natürlichem Geschmack verteilten Punkte und Striche, die nur ein Künstler mithilfe natürlicher Farben der Natur so vollkommen nachempfinden konnte, so daß wir sie als ›Apfelsprenkel‹ zu bezeichnen nicht zögern sollten. und haben Sie bitte keine Scheu, mit dem Kunstwerk Apfel wie mit einem Apfel umzugehen, schließlich ist dieses ja, indem es dieser sein-sollend ist, ein Apfel, erfahren Sie vor diesem Kunstwerk, in welchem der Künstler sich jeder interpretativen Willkür enthalten hat, die Vollkommenheit der Natur und betrachten Sie diesen künstlichen Apfel mit der Aufmerksamkeit, die jeder natürliche Apfel verdienen würde und nun indirekt wohl auch zum er-

sten Mal erfährt (oder hätten Sie, wenn dieser Apfel ein
Apfel wäre, nicht schon längst von ihm abgebissen?):
aber da in diesem Apfel, wie Sie nun schon wissen, die
Kunst nicht eine Nachahmung der Natur geblieben, sondern sozusagen Natur geworden ist, gehen Sie bitte mit
diesem Kunstwerk wie mit einem Kunstwerk, also wie
mit einem Apfel um! riecht es (er) nicht wie ein frisch-
gepflückter Apfel, läßt sich die Oberfläche nicht wie
eine Schale eindrücken, wird jetzt nicht das, was das
Fruchtfleisch bedeutet, als ob es das Fruchtfleisch selber
wäre, unter der abgekratzten Oberflächenschichte sichtbar, nicht auch ein Tropfen Flüssigkeit (farblos oder
milchig, je nach Sorte bzw. Stil), welcher nun etwas
schäumt, da er den Saft eines saftigen Apfels darstellt,
der schäumend auf die zuströmende Luft reagiert?

und nun, meine Damen und Herren, da einer aus
Ihrer Mitte ein Messer zieht, was zu tun bekanntlich viele
vor der ›Mona Lisa‹ kaum widerstehen konnten, zu den
angeblich großen Gefahren der modernen Kunst: sollten
Sie irrtümlich ein modernes Kunstwerk zum Beispiel
als einen Apfel essen, so würde – das zu Ihrer Beruhi-
gung –, was Auge was Hand was Nase was Mund von
der Natur nicht unterscheiden konnte, auch Ihr Magen
nicht unterscheiden können, Sie würden, falls Sie im allgemeinen Äpfel schälen, auch das Artefakt schälen müssen, Sie werden, sollte Ihnen die Kunst gewordene Sorte
zu sauer sein, dementsprechend das Kunstwerk sauer
befinden, besonders dann, sollte es in der »Grünen Periode« des Künstlers entstanden sein, die meist in die
Frühsommerzeit fällt, oder mit anderen Worten: in der
neuen Kunst ist die Sinnlosigkeit der herkömmlichen
Kunst, da sie an die Stelle der Natur zu treten im Begriffe

ist, aufgehoben, ja die moderne Kunst ist, da sie an verschiedenen Wirklichkeiten teilhat und nicht nur in Hungerszeiten eine populäre Funktion erfüllen kann, philosophisch theologisch politisch etcetera vollkommen gerechtfertigt: das Bedürfnis nach Kunst wird in allen Gesellschaftsklassen elementar wie Hunger sein.

beißen Sie doch ab, meine Damen und Herren! denn indem Sie abbeißen, erübrigt sich die Frage über den Gehalt oder die Wahrheit der Kunst, Sie reflektieren abbeißend und kauend eine seit der Sammlerzeit alltägliche Handlung: abbeißend erinnern Sie sich mit Schwermut jedes gedankenlos vollzogenen Abbeißens, als ob es ab nun keine Äpfel mehr gäbe, Sie sind sich während des Kauens, genau jetzt, nicht mehr sicher, ob Sie dieses Kauen wie jedes frühere nur als es selbst oder auch in bezug auf vor langem vollendetes Kauen erleben, ob Sie, was Sie dabei – übrigens wirklich – schmecken, tatsächlich oder nur deshalb schmecken, weil Sie von der Erfahrung, wie ein Apfel, der beim Hineinbeißen wie eben ein Apfel, zum Beispiel wie dieser, kracht, schmeckt, nicht ganz absehen können, und das um so weniger, je mehr Sie wünschen, Sie würden seit langem wieder in einen Apfel beißen, um, während des Hineinbeißens gleichsam in die verlorene Erinnerung zurückgekehrt, neu zu erfahren, wie ein Apfel eigentlich schmeckt: seien Sie deshalb nicht traurig, sondern freuen Sie sich, daß im vergeblich beschworenen Augenblick die Wahrheit alle gedankenlos gegessenen Äpfel als Reue in Ihnen aufsteigen, und überlegen Sie nur, ob Adam und Eva diesen Apfel als Kunstwerk erkennen und daher nicht essen würden, machen Sie somit im ersten Nichtapfel-Apfel die Erbschuld ungeschehen (denn selbst wenn Adam und Eva diesen Apfel gegessen hätten, hätten sie, da er kein Apfel der Erkenntnis ist, nicht von ›dem einen‹ Apfel gegessen, sondern im Gegenteil von der in paradiesische Unschuld heimgekehrten Kunst gekostet) und verstehen Sie somit die Kunst als Aufhebung der Schöpfung und zugleich als Nachschöpfung und Neuschöpfung der Schöpfung!

und nun, wenn ich Ihnen gesagt haben werde, daß der Apfel in Ihren Händen doch nur ein Apfel sei, beißen Sie noch einmal ab, und jetzt, wenn ich Ihnen sage, daß es doch ein künstlicher Apfel ist, noch einmal, und jetzt, wenn Sie diesen und jenen Bissen geschluckt haben, beißen Sie in der Erinnerung zuerst unter jener, dann unter dieser Voraussetzung noch einmal ab: mit dem ersten Biß bzw. Bissen haben Sie die Kunst als geschmackvolle Natur, mit dem zweiten die Natur als schmackhafte Kunst definiert und im dritten und vierten Vorstellung gebliebenen Biß und Bissen sind Ihnen Natur und Kunst als fiktive und trotzdem von Speichelproduktion begleitete Kauaktion zu einer philosophischen Einheit des Seins und Scheins geworden.

GÜNTER GRASS

DER APFELBISS

Mit allen habe ich Äpfel gegessen, auf der Gartenbank, gegenüber am Küchentisch oder unterm Baum stehend, vom gärenden Fallobst benommen: mit Agnes, bevor mich die Pest holte, mit Margret, als Hegge aus Wittenberg kam und uns das Eifern lehren wollte, mit Sophie, als wir, kindlich noch, Revolution spielten. Wir ließen die Äpfel krachen, sahen uns, während wir zubissen, mit Bedeutung an, sahen zubeißend (Dorothea und ich auf Pilgerreise nach Aachen) aneinander vorbei oder bissen, Rücken gegen Rücken gestellt, zu, wobei mich Amanda, die Gardemaß hatte, um Kopfeslänge überragte.

Es kam auch vor, daß wir in angrenzenden Räumen – Lena in der Küche, ich in der Guten Stube – die Äpfel krachen ließen. Doch wo und wie gestellt, in welchem Jahrhundert auch immer: danach kam es jedesmal zum Vergleich. Indem wir die Äpfel Biß gegen Biß legten, prüften wir unsere Liebe.

Man kennt andere, gefährliche Methoden. Unsere war harmlos und ist zu empfehlen. Wir lasen der Spur unserer Zähne ab, wie wir, trotz allem, verschieden blieben, wie fremd. Ich hielt den Apfel mit himmelwärts weisendem Stiel und biß von ihm weg zum Bürzel; Sibylle Miehlau (später Billy gerufen) hielt den Apfel, bevor sie zubiß, bei Stiel und Bürzel. So machten wir uns die Zähne stumpf. So gaben wir Zeugnis. Sichtbar wurde so das verpuppte Gefühl. Der Anschein Liebe, das Unterfutter: der Haß. Quer und längs bissen wir zu und hörten uns beißen.

Es mußte still sein in unserer Küche, im Garten. Allenfalls sang im Kessel die Brühe, aus Rinderknochen gewonnen. Oder wurmstichig fielen Äpfel dumpf polternd zu schon morschen Äpfeln, in denen Wespen hausten und übersüß wurden. Nie haben wir im Dunkeln, dem knarrenden Bett zur Last, nie haben wir, während die Wanduhr anschlug, Äpfel gebissen. Nie sah uns irgendwer dabei zu. Oft warteten wir mit dem Vergleich, bis ihr und mein Zubiß anliefen, sich unsere Zahnspu-

ren vielsagend bräunten. Doch ohne Worte: Liebe geprüft.

So standen Lena und ich in unserem Gärtchen hinter
den mit Teerpappe gedeckten Arbeiterkaten und Kar-
nickelställen auf dem Brabank, gegenüber Strohdeich
am anderen Ufer der Mottlau. Hafen und Werft im
Rücken. Doch keine Niethämmer. Denn wir streikten bei
Klawitter schon vier Wochen lang. Im siebten Monat
schwanger, stand Lena unter unserem Boskop. Am Vor-
mittag hatte ich mit Flugblättern, was verboten war, nahe
der Gewehrfabrik in der Niederstadt agitiert. Lenas früh-
sozialistisches Volksküchengesicht: obgleich ich das
Schlimme, den nicht rückzunehmenden Griff schon getan hatte, sah ich sie voll an, während ich zubiß und sie
beißen hörte.

Rasch anlaufend lagen die Äpfel Biß gegen Biß auf
dem gestapelten Treibholz, das ich mit Ludwig Skröver
nachts aus der Toten Weichsel geflößt hatte. Lud war
mein Freund. Boskopäpfel eignen sich besonders. Nachdem wir unsere Liebe, die, trotz allem, stark war, geprüft
hatten, sagte Lena wie ohne Verdacht: »Ich nehm uns
Falläppel mit und mach uns Flinsen mit bißchen Zimt
drin.« Oder sie hatte doch was gemerkt? Ich warf meinen
angebissenen Apfel zum Fallobst in Lenas Schürze.

Apfelkloß

Für 8 Personen

4	große Kochäpfel, geschält und in Scheiben geschnitten
175 g	frischer Rindertalg
500 g	Mehl
	Salz
etwa ¼ l	heißes Wasser
1 oder 2	Nelken oder ½ TL gemahlener Zimt
90–125 g	Zucker

Den Rindertalg in sehr kleine Stücke schneiden und in heißem Wasser weich werden lassen. Dann abtropfen und abkühlen lassen und restliches Wasser ausdrücken.

In einer Schüssel den Rindertalg mit einem Holzlöffel bearbeiten, bis er geschmeidig ist. Das Mehl und eine Prise Salz durch ein Sieb zum Rindertalg geben. Talg und Mehl mit den Fingerspitzen gründlich verkneten, dann allmählich so viel heißes Wasser angießen, daß ein fester Teig entsteht.

Die Äpfel mit Nelken oder Zimt und Zucker vermischen. Den Teig ausrollen und die Äpfel daraufgeben. Den Teig sorgfältig über der Füllung zusammendrücken, den Kloß in ein Tuch einbinden und in einem Topf mit kochendem Wasser mindestens 2 Stunden garen.

Man kann auch eine 1½ l fassende, mit Butter ausgestrichene Schüssel mit dem Teig auslegen, die Teigenden etwas überhängen lassen, mit der Apfelmischung füllen und den Teig darüber zusammenlegen. Den Teig versie-

geln oder einen Teigdeckel fest andrücken, die Schüssel
in ein Tuch einbinden und etwa 2¼ Stunden kochen.

Mit Sahne servieren.

Gestürzter Apfelpudding

Für 6 Personen

12	mittelgroße Äpfel (geschält und Kerngehäuse entfernt), in Scheiben geschnitten, in eine Schüssel mit Wasser und dem Saft einer halben Zitrone gelegt und abgetropft
etwa 500 g	Zucker
1/2	Zimtstange
1	Zitrone, Saft durch ein Sieb passiert
1 EL	Kartoffelmehl
30 g	Butter
6	Eier
3–4 EL	Semmelbrösel

Äpfel, Zucker, Zimt und Zitronensaft in einen Topf geben. Bei mittlerer Hitze zugedeckt garen, bis die Äpfel
weich werden; die Temperatur herunterschalten und die
Äpfel unter Rühren weitergaren, bis sie zu Mus zerkocht
sind.

Durch ein Sieb in einen Kochtopf passieren. Das Kar-
toffelmehl und die Butter hineinrühren. Das Apfelmus
bei schwacher Hitze unter ständigem Rühren einkochen,
bis es ganz dick ist. Zum Abkühlen beiseite stellen.

Die Eier unter das Apfelmus schlagen.

Eine 1½ l fassende Form mit Butter ausstreichen und
mit Semmelbröseln ausstreuen; dann die Form umdre-
hen und nicht haftende Semmelbrösel herausschütteln.

Die Masse bis 2,5 cm unterhalb des Randes in die Form füllen. Im vorgeheizten Backofen bei 180 °C (Gasherd Stufe 2–3) etwa 45 Minuten backen, bis sich der Pudding fest anfühlt.

Vor dem Stürzen etwa 15 Minuten abkühlen lassen.

Tarte Tatin

Für den Teig

125 g	Mehl
1 Prise	Salz
1 EL	Zucker
75 g	Butter
1	Eigelb
1–2 EL	Wasser

Die Zutaten zu einem Teig verkneten und ruhen lassen. 1½ kg Äpfel (Boskoop z. B.) schälen, vierteln und die Kerngehäuse herausschneiden.

Die Apfelstücke in eine feuerfeste runde Form (für Quiche u. ä.) geben. 150 g Butter in Flocken und 200 g Zucker darüber verteilen und bei mittlerer Hitze auf der Herdplatte etwa 15 Minuten braten, bis die Äpfel fast gar sind und die Butter von ihnen aufgesogen ist.

Den Teig ausrollen und über die Äpfel legen, daß sie und damit die Kuchenform bedeckt sind.

Bei 200 °C im vorgeheizten Ofen 20 Minuten backen.

Dann stürzen und mit Sahne oder Crème fraîche lauwarm servieren.

REINHARD DÖHL

APFEL

pfelApfelApfelApte
felApfelApfelApfelApfelA
felApfelApfelApfelApfelApfe
ApfelApfelApfelApfelApfelApf
pfelApfelApfelApfelApfelApfel
ApfelApfelApfelApfelApfelApfe
pfelApfelApfelApfelApfelApfelA
ApfelApfelApfelApfelApfelApfe
pfelApfelApfelApfelApfelApfel
pfelApfelApfelApfelApfelApf
elApfelApfelApfelWurmAp
felApfelApfelApfel
pfelApfelApfelA
felApfelApfelA
pfelApfel

TEXTNACHWEISE

Mit einem Sternchen versehene Titel* wurden von den Herausgebern formuliert oder sind den abgedruckten Texten entnommen.

13 ELSA SOPHIA VON KAMPHOEVENER: GOLDENE ÄPFEL.
An Nachtfeuern der Karawan-Serail. Märchen und Geschichten alttürkischer Nomaden, erzählt von E. S. v. K. Bd. 1. Reinbek: Rowohlt, 1975. S. 13. © 1975 Rowohlt Verlag GmbH, Reinbek bei Hamburg.

15 DER FALL DES MENSCHEN*.
Die Bibel oder die ganze Heilige Schrift des Alten und Neuen Testaments nach der deutschen Übersetzung Martin Luthers. 1. Mose 3,1–24.

17 MILAN KUNDERA:
DER GOLDENE APFEL DER EWIGEN SEHNSUCHT.
M. K.: Das Buch der lächerlichen Liebe. Aus dem Tschech. von Susanna Roth. München: Hanser, 1986. S. 67 f. © 1986 Carl Hanser Verlag München Wien.

19 SAVYON LIEBRECHT: ÄPFEL AUS DER WÜSTE [AUSZUG].
S. L.: Äpfel aus der Wüste. Erzählungen. Aus dem Hebr. von Stefan Siebers. Mannheim: Persona-Verlag, 1992. S. 38–43. © 1992 persona verlag, Lisette Buchholz, Mannheim.

25 DIE ÄPFEL DER LIEBE*.
Die Bibel. Hohelied 2,1–17.

26 ULRICH BECK / ELISABETH BECK-GERNSHEIM:
DER SPÄTE APFEL EVAS [AUSZUG].
U. B. / E. B.-G.: Das ganz normale Chaos der Liebe. Frankfurt a. M.: Suhrkamp, 1990. S. 201–204. [Aus: Der späte Apfel Evas: Die »erlittene« Emanzipation der Männer.] © 1990 Suhrkamp Verlag Frankfurt am Main.

32 HEINRICH HEINE: STEHT EIN BAUM IM SCHÖNEN GARTEN ...
H. H.: Sämtliche Gedichte. Hrsg. von Bernd Kortländer. Stuttgart: Reclam, 1997. S. 321. [Aus: Neue Gedichte.]

34 THEODOR FONTANE: AM APFELBAUM.
Th. F.: Werke, Schriften und Briefe. Hrsg. von Walter Keitel und
Helmuth Nürnberger. Abt. I: Sämtliche Romane, Erzählungen, Ge-
dichte, Nachgelassenes. Bd. 6. 2. Aufl. München: Hanser, 1978.
S. 676 f.

35 »EIN LIEBER, ALTER FREUND«*.
Carus Sterne / Aglaia von Enderes: Unsere Pflanzenwelt. Blumen,
Gräser, Bäume und Sträucher, Pilze, Moose und Farne der mittel-
europäischen Flora. Mit einem Anh. »Pflanzen für Zimmer, Balkon
und Hausgarten«. Erw. und neubearb. von Werner Hopp. Berlin:
Safari-Verlag, 1960. S. 124 f.

37 BRÜDER GRIMM: FRAU HOLLE.
Brüder Grimm: Kinder- und Hausmärchen. Ausgabe letzter Hand
mit den Originalanmerkungen der Brüder Grimm. Mit einem Anh.
sämtlicher, nicht in allen Auflagen veröffentlichter Märchen und
Herkunftsnachweisen hrsg. von Heinz Rölleke. 3 Bde. Stuttgart:
Reclam, 1980. (Universal-Bibliothek. 3191–3193.) Bd. 1. S. 150–153.

41 DAPHNE DU MAURIER: DER APFELBAUM [AUSZUG].
D. Du M.: Nächstes Jahr um diese Zeit. Novellen. Übertr. aus dem
Engl. Bern/München: Scherz, 1980. S. 5 f., 47–49, 56 f. © deutsche
Rechte by Scherz Verlag Bern und München.

48 SIEGFRIED LENZ: DER MANN IM APFELBAUM.
S. L.: Werkausgabe in Einzelbänden. Bd. 13: Erzählungen 1.
1949–1955. Hamburg: Hoffmann und Campe, 1996. S. 318–325.
[Aus: So zärtlich war Suleyken. Masurische Geschichten.] © 1955
Hoffmann und Campe Verlag, Hamburg.

55 GOTTFRIED KELLER:
EIN APFELBAUM IN VOLLER BLÜTE STEHT ...
G. K.: Sämtliche Werke und ausgewählte Briefe. Hrsg. von Clemens
Heselhaus. Bd. 3. 2. Aufl. München: Hanser, 1963. S. 137 f.

57 AUS DEM AMTSBLATT DER EUROPÄISCHEN GEMEINSCHAFTEN.
Amtsblatt der Europäischen Gemeinschaften. Rechtsvorschriften.
14. Jg. Nr. L 172. 31. Juli 1971. S. 4. [Aus: Verordnung (EWG)
Nr. 1641/71 der Kommission vom 27. Juli 1971 über die Festsetzung

der Qualitätsnormen für Tafeläpfel und Tafelbirnen. Anhang: Qualitätsnormen für Äpfel und Birnen.]

58 AN APPLE A DAY KEEPS THE DOCTOR AWAY*.
Handwörterbuch des deutschen Aberglaubens. Hrsg. unter bes. Mitw. von E. Hoffmann-Krayer und Mitarb. zahlr. Fachgenossen von Hanns Bächtold–Stäubli. Bd. 1. Berlin/Leipzig: de Gruyter, 1927. Sp. 519–521. Mit Genehmigung von Walter de Gruyter & Co., Berlin.

61 JOSTEIN GAARDER: NEWTON UND DER APFEL*.
J. G.: Sofies Welt. Roman über die Geschichte der Philosophie. Aus dem Norweg. von Gabriele Haefs. München: Hanser, 1993. S. 248–250. © 1993 Carl Hanser Verlag München Wien.

65 MARGUERITE SECHEHAYE: DAS WUNDER MIT DEN ÄPFELN.
M. S.: Tagebuch einer Schizophrenen. Selbstbeobachtungen einer Schizophrenen während der psychotherapeutischen Behandlung. Aus dem Frz. von Eva Moldenhauer. Frankfurt a. M.: Suhrkamp, 1973. (edition suhrkamp. 613.) S. 76–84. [Kap. 11.] © 1973 Suhrkamp Verlag Frankfurt am Main.

74 ZUR KULTURGESCHICHTLICHEN SYMBOLIK DES APFELS*.
Lexikon der Kunst. Architektur, bildende Kunst, angewandte Kunst, Industrieformgestaltung, Kunsttheorie. Hrsg. von Harald Olbrich [u. a.]. Bd. 1. Leipzig: Seemann, 1987. S. 204 f. © 1987 E. A. Seemann Verlag, Leipzig.

75 BRÜDER GRIMM: SNEEWITTCHEN.
Brüder Grimm: Kinder- und Hausmärchen. Bd. 1. S. 269–278.

86 BRUNO BETTELHEIM: SCHNEEWITTCHEN UND DER APFEL*.
B. B.: Kinder brauchen Märchen. Aus dem Amerikan. übers. von Liselotte Mickel und Brigitte Weitbrecht. Stuttgart: Deutsche Verlags-Anstalt, 1977. S. 201–204. [Aus: Schneewittchen.] © 1977 Deutsche Verlags-Anstalt GmbH, Stuttgart.

91 HELMUT CARL: APFEL-NAMEN*.
H. C.: Die deutschen Pflanzen- und Tiernamen. Deutung und sprachliche Ordnung. Mit 48 Textabb. Heidelberg: Quelle & Meyer, 1957. Nachdr. 1995. S. 30–32. © 1995 Quelle & Meyer, Heidelberg.

94 THEODOR STORM: WENN DIE ÄPFEL REIF SIND.
Th. St.: Werke. Hrsg. von Theodor Hertel. Kritisch durchges. und
erl. Ausg. Bd. 1. Leipzig/Wien: Bibliographisches Institut, 1918.
S. 241–246.

100 RAINER MARIA RILKE: DER APFELGARTEN.
R. M. R.: Sämtliche Werke. Hrsg. vom Rilke-Archiv. In Verb. mit Ruth
Sieber-Rilke bes. durch Ernst Zinn. Bd. 1: Gedichte. Erster Teil.
Frankfurt a. M.: Insel-Verlag, 1955. S. 637 f.

101 ROBERT WALSER: DER HERBST.
R. W.: Das Gesamtwerk. Hrsg. von Jochen Greven. Bd. 1: Fritz
Kochers Aufsätze. Geschichten. Aufsätze. Hrsg. von J. G. Zürich /
Frankfurt a. M.: Suhrkamp, 1978. S. 10–12. [Aus: Fritz Kochers Auf-
sätze.] © 1978 Suhrkamp Verlag Zürich / Frankfurt am Main, mit
Genehmigung der Inhaberin der Rechte, der Carl-Seelig-Stiftung,
Zürich.

103 KARL SIMROCK: APFELSPRÜCHE*.
Die deutschen Sprichwörter. Gesammelt von K. S. Einl. von Wolf-
gang Mieder. Stuttgart: Reclam, 1988. (Universal-Bibliothek. 8453.)
S. 42 f., 64, 623.

105 DER APFEL, DER GUTER HOFFNUNG MACHT.
Zigeunermärchen. Hrsg. von Walther Aichele und Martin Block.
Köln: Diederichs, 1962. S. 102 f. © 1962 Eugen Diederichs Verlag
Düsseldorf · Köln · München.

107 SHAKE THE APPLE-TREE.
Die Garbe. Ein Musikwerk für die Schule. Hrsg. von Hugo Wolfram
Schmidt und Aloys Weber. Liederbuch für gleiche Stimmen. 11. Aufl.
Köln: Gerig, 1963. S. 91.

108 GUSTAV SCHWAB: DER APFEL DES PARIS*.
Die schönsten Sagen des klassischen Altertums nach seinen Dich-
tern und Erzählern von G. Sch. 3 Bde. Stuttgart: Reclam, 1986. (Universal-Bibliothek. 6386–6388.) Bd. 2. S. 14–16.

112 FRIEDRICH SCHILLER: DER APFELSCHUSS*.
F. Sch.: Wilhelm Tell. Schauspiel. Anm. von Josef Schmidt. Stuttgart:

Reclam, 1993. (Universal-Bibliothek. 12.) S. 64–70. [Aus: 3. Aufzug, 3. Szene.]

121 REICHSAPFEL.
Handwörterbuch zur deutschen Rechtsgeschichte. Hrsg. von Adalbert Erler und Ekkehard Kaufmann unter philolog. Mitarb. von Ruth Schmidt-Wiegand. Bd. 4. Berlin: Schmidt, 1990. Sp. 537 f. © 1990 Erich Schmidt Verlag GmbH & Co., Berlin.

126 WIE EIN HOLLÄNDER DEM EULENSPIEGEL EINEN GEBRATENEN APFEL AUS DEM TELLER ASS, IN DEN DIESER EIN BRECHMITTEL GETAN HAT.
Nach: Ein kurtzweilig Lesen von Dil Ulenspiegel. Nach dem Druck von 1515. Hrsg. von Wolfgang Lindow. Stuttgart: Reclam, 1966. (Universal-Bibliothek. 1687.) S. 245 f.

127 DIE ZAUBERÄPFEL.
Norwegische Volksmärchen. Hrsg. und übertr. von Klara Stroebe und Reidar Th. Christiansen. Düsseldorf/Köln: Diederichs, 1967. S. 83–85. © 1967 Eugen Diederichs Verlag Düsseldorf · Köln · München.

131 GUSTAV SCHWAB: DIE GOLDENEN ÄPFEL DER HESPERIDEN*.
Die schönsten Sagen des klassischen Altertums. Bd. 1. S. 183–186.

135 APICIUS:
WIE SICH ÄPFEL UND GRANATÄPFEL LANGE HALTEN*.
Marcus Gaius Apicius: De re coquinaria. / Über die Kochkunst. Lat./Dt. Hrsg., übers. und komm. von Robert Maier. Stuttgart: Reclam, 1991. (Universal-Bibliothek. 8710.) S. 17. [Buch 1,18–20.]

136 WAS STECKT DRIN?*
Otto-Albrecht Neumüller: Römpps Chemie-Lexikon. 8., neubearb. und erw. Aufl. Stuttgart: Franckh'sche Verlagshandlung, 1979. S. 247 f. Mit Genehmigung des Georg Thieme Verlags, Stuttgart.

138 RAINER MARIA RILKE: VOLLER APFEL, BIRNE UND BANANE ...
R. M. R.: Sämtliche Werke. Bd. 1. S. 739.

139 JULIAN SCHUTTING: APFEL.
J. Sch.: Sistiana. Erzählungen. Salzburg: Residenz-Verlag, 1976.
S. 133–140. © 1976 Residenz Verlag, Salzburg und Wien.

145 GÜNTER GRASS: DER APFELBISS*.
G. G.: Der Butt. Roman. Göttingen: Steidl, 1993. S. 489–491.
[Aus: Im siebten Monat. Nagel und Strick.] © 1993 Steidl Verlag,
Göttingen.

148 APFELKLOSS, APFELPUDDING.
Die Kunst des Kochens: Desserts. Aus dem Engl. übertr. von Ingrid
Hyland. Amsterdam: Time-Life International Verlag, 1979. S. 135
(Apfelkloß). S. 96 f. (Gestürzter Apfelpudding).

151 REINHARD DÖHL: APFEL.
konkrete poesie. deutschsprachige autoren. anthologie von eugen
gomringer. Stuttgart: Reclam, 1972. (Universal-Bibliothek. 9350.)
S. 38. Mit Genehmigung von Reinhard Döhl, Stuttgart.

BILDNACHWEISE

18 Apfel in der Hand eines Mädchens. Aus: Emblemata. Handbuch zur Sinnbildkunst des XVI. und XVII. Jahrhunderts. Hrsg. von Arthur Henkel und Albrecht Schöne. Stuttgart: Metzler, 1967. Sp. 231 (aus den »Emblemata Physico-Ethica« des Nicolaus Taurellus, Nürnberg ²1602).

33 Albrecht Dürer: Adam und Eva, 1507 (Madrid, Prado).

45 Caspar Alves: Späte Frucht, 1982. © Caspar Alves.

56 René Magritte: Die schönen Realitäten, 1964 (Galerie Isy Brachot, Brüssel). © 1997 VG Bild–Kunst, Bonn.

60 Georg Flegel: Stilleben mit Zwergpapagei, um 1620 (Faksimile; Frankfurt am Main, Historisches Museum).

64 Aquarell von Christophine Reinwald: »Rhother HerbstCalvil von d. Solitüde«. Aus: Johann Caspar Schiller: Die Baumzucht im Großen aus Zwanzigjährigen Erfahrungen im Kleinen in Rücksicht auf ihre Behandlung, Kosten, Nutzen und Ertrag beurtheilt. Hrsg. von Gottfried Stolle. Stuttgart: Württembergische Bibliotheksgesellschaft, 1993. S. 255. © 1993 Deutsche Schillergesellschaft Marbach a. N.

104 Detlef Pick: Der grüne Punkt, 1984. © Detlef Pick.

109 Orestes und Elektra am Grab des Agamemnon. Griechische Schale, um 320–310 v. Chr. (Mannheim, Städtisches Reiß-Museum).

123 Der Reichsapfel der deutschen Könige und Kaiser. Ende 12. Jahrhundert (Wien, Weltliche Schatzkammer). Aus: Percy Ernst Schramm: Sphaira, Globus, Reichsapfel. Wanderung und Wandlung eines Herrschaftszeichens von Caesar bis zu Elisabeth II. Ein Beitrag zum »Nachleben« der Antike. Stuttgart: Hiersemann, 1958. Taf. 37.

125 Gillis Jacobsz. van Hulsdonck: Stilleben mit Steinkrug und zwei Römern, um 1645–50 (Privatbesitz).

128 Paul Cézanne: Stilleben mit Ingwertopf, Zuckerdose und Äpfeln, 1893/94 (Zürich, Kunsthaus).

135 Granatäfel. Aus: Emblemata. Sp. 234 (aus dem »Emblematum Ethico-Politicorum« von Julius Wilhelm Zincgreff, 1619).